POEMA DEL CANTE JONDO

LITERATURA

ESPASA CALPE

8

FEDERICO GARCÍA LORCA

POEMA DEL CANTE JONDO

Edición
Luis García Montero

COLECCIÓN AUSTRAL

ESPASA CALPE

Primera edición: 19-IV-1972

Octava edición: 22-X-1990

© *Herederos de Federico García Lorca*

© *De esta edición: Espasa-Calpe, S. A.*

—

Maqueta de cubierta: Enric Satué

—

Depósito legal: M. 37.191—1990

ISBN 84—239—1961—7

Impreso en España
Printed in Spain

Talleres gráficos de la Editorial Espasa-Calpe, S. A.
Carretera de Irún, km. 12,200. 28049 Madrid

ÍNDICE

INTRODUCCIÓN

GARCÍA LORCA Y EL CANTE JONDO

1. PRESENTACIÓN

En la primavera de 1921, García Lorca le escribe una carta a Melchor Fernández Almagro, informándole sobre su estado de ánimo y sus proyectos inmediatos. El poeta medita en ese momento la posibilidad de escribir un libro bien estructurado, con atención precisa a los temas y las formas: «Quiero hacer este verano una obra serena y quieta; pienso construir varios romances con lagunas, romances con montañas, romances con estrellas; una obra misteriosa y clara, que sea como una flor (arbitraria y perfecta como una flor)» [1]. Al mismo tiempo, García Lorca se da cuenta de que necesita cambiar de tono poético, penetrar en la geografía y la cultura andaluza: «Este verano, si Dios me ayuda con sus palomitas, haré una obra popular y andalucísima. Voy a viajar un poco por

---

[1] Esta cita y las que siguen pueden verse en Federico García Lorca, *Epistolario,* Alianza Editorial, Madrid, 1983, págs. 31-32. Edición de Christopher Maurer.

estos pueblos maravillosos, cuyas personas parece que
nunca han existido para los poetas y... ¡¡Basta ya de Casti-
lla!!» Finalmente, le comunica a Fernández Almagro,
amigo granadino en Madrid, una de las actividades que
piensan promover los artistas e intelectuales de la ciudad:
«Se trata, queridísimo Melchor, de hacer en terrenos que
ofrece Soriano en su finca de la Zubia un morabito en
honor de Abentofail y dos o tres más genios de la cultura
granadina.» Los planes eran ambiciosos, con proyección
nacional, como una extensión de las tertulias íntimas del
Rinconcillo.

Un libro de poemas unitario, cambio de tono hacia un
andalucismo más abierto y organización de eventos cultu-
rales en Granada: he aquí resumida, en estas tres circuns-
tancias, la situación que vive García Lorca en 1921 y que
va a propiciar la escritura original de su POEMA DEL CANTE
JONDO, libro andalucísimo, de vocación unitaria y alimen-
tado al calor de los preparativos del famoso *Concurso de
cante jondo* celebrado en Granada en junio de 1922.

Parece lógico el gusto por abordar en estas fechas la
redacción de un libro de carácter unitario. El *Libro de poe-
mas* se publicó el 15 de junio de 1921. En el prólogo, ade-
más de aludir a la sinceridad adolescente de sus primeros
versos, el poeta señala la conciencia de unas «páginas des-
ordenadas», escritas espontáneamente, siguiendo el hilo
de su ardor juvenil. Era lógico, pues, que buscase ahora
un territorio poético bien estructurado, como el libro de
romances que le anticipa a Fernández Almagro o como
su proyecto sobre *Las meditaciones y alegorías del agua,*
que le anuncia al mismo amigo, en una carta de finales
de julio de 1921, pensando «ya hasta los capítulos y las
estancias» [2].

---

[2]   *Op. cit.,* pág. 44.

Es lógico también que quisiese cambiar de tono, porque las direcciones sentimentales y tardomodernistas del *Libro de poemas* estaban agotadas y las *Suites* lo habían hecho madurar en otras posibilidades técnicas, en una manera más depurada y metafórica de utilizar los elementos de la cultura popular. El interés por las tradiciones populares y el folclore fue evidente desde los primeros versos de García Lorca, casi un recurso imprescindible para el latido de su mundo poético. No es un adorno, una posibilidad más, sino el corazón de una palabra que busca la verdad de la naturaleza, de las realidades originales, frente a las degeneraciones de la civilización. Candelas Newton ha definido así el primer ánimo lorquiano en su estudio *Lorca: Libro de Poemas o las aventuras de una búsqueda:* «El joven se siente desarraigado en una realidad hostil. Su alma está dividida en dos mundos, uno real que lo hiere, y otro ideal, el de los sueños de la infancia en el que se refugia. Esos recuerdos son los vestigios que le quedan de su consonancia original con la vida de la Naturaleza, y germen de su vuelta final al seno de la armonía primitiva»[3]. En esta visión dolorida del mundo juegan un papel definitivo las tradicciones populares, los refranes, las canciones infantiles y todo lo que mantenga el pulso de la vida natural y la armonía primitiva.

En 1921, durante los preparativos del *Concurso de cante jondo,* García Lorca comprende las posibilidades poéticas de una caracterizadísima expresión de cultura popu-

---

[3] Ediciones de la Universidad de Salamanca, 1986, pág. 34. Para el tema de la naturaleza, véase: Juan Carlos Rodríguez, *Hommage a Federico García Lorca,* Université de Toulouse-Le-Mirail, 1982, págs. 65-69. Y para su influencia en la utilización de recursos populares, Daniel Devoto, «Notas sobre el elemento tradicional en la obra de F. G. L.», en Ildefonso Manuel Gil, *Federico García Lorca,* Taurus, Madrid, 1973, págs. 115-164.

lar, primitiva, misteriosa, cultivada en el dolor y propia de la geografía andaluza. Es un mundo atractivo, que le permite elaborar un conjunto de poemas ordenados, unitarios y que le obliga a estilizar su palabra, a depurarla en el juego metafórico. El tono descriptivo y costumbrista aplicado al cante jondo lleva directamente al mundo espeso de los tópicos. García Lorca, por el contrario, huye del costumbrismo superficial, de las realidades de primeros términos, para volver a la fuerza sugeridora y oscura del Sur romántico, a los emblemas de un territorio natural, vivo, no contaminado por la civilización: la sugerencia misteriosa y provocadora frente a las crónicas descriptivas. Y para eso utiliza la voluntad estilizante de Juan Ramón Jiménez y el poder metafórico de las vanguardias. Sur romántico, estilización e imágenes de vanguardia, una fórmula llena de vida en manos de García Lorca, que delimitará su mundo personalísimo, bañado en símbolos y cubierto por un vocabulario imaginativo particular.

2. INVITACIÓN AL SUR

Rafael Argullol y Félix de Azúa han sintetizado recientemente los mecanismos ideológicos que convirtieron a la geografía andaluza en un referente literario de la libertad pasional[4]. España había sido para el pensamiento de la Ilustración un ejemplo cercano de barbarie, de los modos irracionalistas y de las supersticiones políticas y religiosas. Cuando la crisis romántica invierte el valor de las luces, arrebatándole su carácter positivo a la razón, España pasa del mal al bien y se constituye en un lugar indómito, donde el hombre puede no sentirse esclavo de las

---

[4]   Rafael Argullol, «La fascinación del Sur», en *Territorio del nómada,* Fondo de Cultura Económica, Madrid, 1987, págs. 173-181; Félix de Azúa, «El mito de la Andalucía Romántica», en *El aprendizaje de la decepción,* Pamiela, Pamplona, 1989, págs. 145-158.

leyes y los corazones tienen la posibilidad de latir más allá de las reglas de la educación sometedora. Los viajeros románticos desplazaron poco a poco las fronteras hacia el Sur, otorgándole finalmente a Andalucía el privilegio de una entidad metafórica, territorio de libertades naturales, de tradiciones no contaminadas y de sentimientos siempre abocados a los excesos de la plenitud.

Resultan imprescindibles todas estas palpitaciones de la crisis romántica para comprender la temperatura y el mundo ideológico del POEMA DEL CANTE JONDO. Tanto la poesía lorquiana como la atmósfera y los gestos del cante jondo se nutren ampliamente en los códigos culturales del romanticismo, sobre todo por lo que se refiere a sus cimientos más fuertes: la naturaleza y la fatalidad, es decir, el amor y la muerte[5].

En una concepción de la vida donde la sociedad, las normas, lo regulado, se convierten inevitablemente en formas autoritarias de someter las libertades individuales, la naturaleza se carga por compensación de corrientes positivas. Todo su campo semántico, desde el paisaje hasta el deseo erótico, desde las tradiciones folclóricas hasta el primitivismo de las razas marginales, se levanta como espacio de libertad y pureza frente a la civilización corruptora. Y el Sur es el territorio privilegiado de esta plenitud.

Pero es al mismo tiempo el territorio de la fatalidad. El camino de los héroes románticos acaba siempre en la muerte, porque su apuesta se apoya en una afán imposible. Se trata de asumir una lucha desigual, la oposición del individuo solitario contra las represiones colectivas. El protagonista es lo suficientemente puro como para no

---

[5] Por lo que se refiere al cante jondo, ha estudiado este tema Luis Lavaur, «Teoría romántica del cante flamenco», en *Revista de Ideas Estéticas,* tomo XXVI, núm. 101, 1968, págs. 47-75; núm. 107, páginas 191-213, y núm. 108, págs. 285-306.

aceptar las mediocridades de la realidad, pero no tiene la
fuerza necesaria para transformar las cosas, para salir vic-
torioso de su empeño de rebeldía social. Por eso solamente
le queda la libertad viva de su decisión y las consecuencias
mortales de su fracaso, de su imposibilidad. Toda esta
atmósfera propia del romanticismo más serio, y del pen-
samiento poético contemporáneo, está perfectamente
condensada en unas palabras de García Lorca en su con-
ferencia «El cante jondo. Primitivo canto andaluz», pro-
nunciada el 19 de febrero de 1922, en Granada, con moti-
vo del *Concurso de cante jondo:* «... las coplas tienen un
fondo común: el Amor y la Muerte..., pero un amor y
una muerte vistos a través de la Sibila, ese personaje tan
oriental, verdadera esfinge de Andalucía. En el fondo de
todos los poemas late la pregunta, pero la terrible pregunta
que no tiene contestación. Nuestro pueblo pone los bra-
zos en cruz mirando a las estrellas y espera inútilmente
la señal salvadora. Es un gesto patético, pero verdadero.
El poema o plantea un hondo problema emocional, sin
realidad posible, o lo resuelve con la Muerte, que es la
pregunta de las preguntas» [6].

Desde sus primieros poemas, Andalucía aparece como
el territorio preciso de todas estas fuerzas naturales y con-
denadas a la imposibilidad. En el *Libro de poemas,* escri-
be en «Elegía» (1918):

> Eres el espejo de una Andalucía
> que sufre pasiones gigantes y calla,
> pasiones mecidas por los abanicos
> y por las mantillas sobre las gargantas
> que tienen temblores de sangre, de nieve,
> y arañazos rojos hechos por miradas.
>
> *(O. C.,* I, pág. 40.)

---

[6] *Obras Completas,* III, Aguilar, Madrid, 1986, págs. 205 y 206.
Edición de Arturo del Hoyo. Cito los poemas por esta edición. Con rela-
ción al héroe romántico, Rafael Argullol, *El Héroe y el Único,* Taurus,
Madrid, 1984.

Y en el poema «Sur», de las *Suites,* se refiere a la imposibilidad, al espejismo de esta geografía de la plenitud, una aspiración sin punto de llegada:

> El Sur
> es eso:
> una flecha de oro,
> sin blanco, sobre el viento.
>
> *(O. C.,* I, pág. 661.)

La poesía española tenía dos posibilidades de plantear poéticamente sus relaciones con este Sur apasionante y libre, alejado de las leyes razonadoras. Por una parte, se podía abordar desde la perspectiva del paraíso perdido, el lugar nostálgico de la felicidad humana y la belleza. Esto es, por ejemplo, lo que hace en verso Rafael Alberti al recordar la bahía gaditana en *Marinero en tierra* o lo que teoriza en prosa Luis Cernuda en su «Divagación sobre la Andalucía Romántica»: «Confesaré que sólo encuentro apetecible un edén donde mis ojos vean el mar transparente y la luz radiante de este mundo... Un edén, en suma, que para mi bien pudiera estar situado en Andalucía» [7]. El poeta es así un evocador nostálgico de las felicidades sureñas. García Lorca representa otra postura distinta, una segunda posibilidad. Convertido el Sur en lugar de pasiones libres y excesivas, oscuras porque están más allá de la civilización, el poeta se convierte en el portavoz, en el médium de todas estas fuerzas, que se encarnan en su palabra con el carácter angustioso de una profecía. Es evidente el paralelismo que se produce entre esta

---

[7]   Este artículo se publicó en *Cruz y Raya,* núm. 37, 1936, y está recogido en Luis Cernuda, *Crítica, ensayo y evocaciones,* Seix Barral, Barcelona, 1970, pág. 124.

concepión del poeta y el rito del cantaor, la voz trágica que expresa el alma de la tierra. «El cantaor —escribe García Lorca—, cuando canta, celebra un solemne rito, saca las viejas esencias dormidas y las lanza al viento envueltas en su voz..., tiene un profundo sentimiento religioso del canto. La raza se vale de ellos para dejar escapar su dolor y su historia verídica. Son simples médiums, crestas líricas de nuestro pueblo» [8].

El poeta y el cantaor están condenados a las preguntas imposibles, al amor y la fatalidad. Son figuras propias de un itinerario romántico. Algunos críticos, especialistas profesionales en García Lorca y desconocedores de toda la restante literatura universal, hacen con frecuencia interpretaciones rebuscadas del poeta granadino, viendo en cada símbolo de amor oprimido o de intuición de la muerte un ejemplo rarísimo de su carácter, sólo explicable desde los laberintos psiconalíticos y las frustraciones más insospechadas. La hermenéutica de los poemas lorquianos ha dado realmente mucho de sí. Y, sin embargo, García Lorca es un poeta normal, porque es muy normal, casi el signo del poeta en la estirpe lírica contemporánea, intuir la frustración y la muerte, la apuesta y el fracaso. Para la palabra poética, al menos desde la crisis romántica, es normal estar fuera de las normas, vivir en los argumentos de lo desconocido.

Federico García Lorca, utilizando los nuevos recursos estéticos propios de su tiempo, le devuelve a la literatura española una ideología romántica. Creo que buena parte de su éxito arrollador se debe precisamente a la debilidad de nuestro romanticismo histórico, a las deudas que quedaban pendientes. Por eso el cante jondo (naturaleza, pasión, expresividad, pueblo, tragedia) se convierte en un tema de lujo para su poesía.

---

[8] *Obras Completas*, III, pág. 215.

3. ANDALUCÍA Y LOS POETAS

Es conveniente recordar que las primeras palabras que escribió Bécquer para reseñar *La soledad* de Augusto Ferrán están dedicadas a Andalucía. En esta poética fundamental de Bécquer (en la que se habla de la poesía popular como síntesis de la poesía y se defiende el verso natural, breve y seco frente al magnífico y sonoro), la geografía andaluza es identificada con la sencillez sin retórica, con la verdad sin artificio: «Un soplo de brisa de mi país, una onda de perfumes y armonías lejanas, besó mi frente y acarició mi oído al pasar. Toda mi Andalucía, con sus días de oro y sus noches luminosas y transparentes, se levantó como una visión de fuego del fondo de mi alma»[9]. Si el romanticismo había apostado por los ámbitos naturales, la sencillez de la poesía popular se mostraba como un buen camino, incluso desde el propio horizonte romántico, para depurar con austeridad toda la retórica sonora y grandilocuente hacia la que había degenerado este movimiento en la poesía española. Se trataba de utilizar estilizadamente las formas populares, de buscar en ellas ese chispazo eléctrico que despierta «las mil ideas que duermen en el océano sin fondo de la fantasía». La lectura espiritual del pueblo, como antídoto de las retóricas hechas, es desde entonces, en lo bueno y en lo malo, una opción fundamental en el desarrollo de la poesía española[10].

---

[9]   *Obras de Bécquer,* II, Barcelona, 1973, pág. 483.
[10]   Para la utilización de las formas populares como arma contra la excesiva retórica, véase: J. M. Díez Taboada, «El germanismo en el siglo XIX (1840-1870)», en *Revista de Filología Moderna,* núm. 5, Madrid, 1961, págs. 21-55, y Marta Palenque, *El poeta y el burgués. (Poesía y público. 1850-1900),* Alfar, Sevilla, 1990. Esta opción por las formas populares como modo depurador es quizá la causa de la muy tardía utilización en la poesía española de los tonos conversacionales y los modos urbanos.

Hubo, por supuesto, otras lecturas poco estilizantes, abiertamente relacionadas con el costumbrismo. Buena parte de las protestas más reaccionarias, contra las disolventes utopías románticas se encaminaron hacia la exaltación de costumbres tradicionales, hacia el canto a los ámbitos rurales, donde se mantenía estancada y sin peligro la verdad de siempre. Es, por ejemplo, el mundo que le interesa a Fernán Caballero en sus *Cuentos y poesías populares andaluces* (1859), empeñada en buscar dentro de la cultura del pueblo los valores de la moral católica más estrecha. Se trata de un populismo muy descriptivo, localista, de tópicos constantemente repetidos, capaces de exponer un mundo superficial y estancado.

La polémica se plantea inmediatamente entre el regionalismo tópico y la lectura estilizante y universista de las formas populares. Ésta es la disputa básica desde el siglo XIX, el debate que centra la posible utilización literaria de la cultura popular: costumbrismo frente a depuración. En su conferencia sobre el cante jondo, García Lorca se esfuerza por apartarse del peligro costumbrista: «... pero es casi seguro que a todos los no iniciados en su trascendencia histórica y artística, os evoca cosas inmorales, la taberna, la juerga, el tablado del café, el ridículo jipío, ¡la españolada, en suma!, y hay que evitar por Andalucía, por nuestro espíritu milenario y por nuestro particularísimo corazón que esto suceda». Poco después alude a la labor de ciertos poetas en estos términos: «Nuestro pueblo canta coplas de Melchor de Palau, de Salvador Rueda, de Ventura Ruiz Aguilera, de Manuel Machado y de otros, pero ¡qué diferencia tan notable entre los versos de estos poetas y los que el pueblo crea! ¡La diferencia que hay entre una rosa de papel y otra natural!» [11]. García Lorca

---

[11]   *Obras Completas,* III, págs. 195 y 208.

mantendrá siempre esta opinión diferenciadora, como quedó reflejado en su propia poesía y en muchas declaraciones y entrevistas. Es especialmente significativa la contestación que le da a Francisco Pérez Herrero, en una entrevista de 1933, cuando le pregunta por la poesía de Valle-Inclán: «Detestable. Como poeta y como prosista. Salvando el Valle-Inclán de los esperpentos —ése sí, maravilloso y genial— todo lo demás de su obra es malísimo. Como poeta un mal discípulo de Rubén Darío, el grande. Un poco de forma..., de color, de humo. Pero nada más. Y como cantor de Galicia algo pésimo; algo tan falso y tan malo como los Quintero en Andalucía. Si te fijas, toda la Galicia de Valle-Inclán, como toda la Andalucía de los Quintero, es una Galicia de primeros términos» [12].

García Lorca, más allá de la valoración que merezcan sus opiniones sobre Valle-Inclán, huye lógicamente de las descripciones regionalistas, de los tópicos y el terruño. Son dos maneras diferentes de valorar los ámbitos y las culturas populares. El costumbrismo se recrea en «los primeros términos», en el humo hogareño de los valores establecidos. Su única razón de ser es la exaltación de localismos, y el autor literario se muestra en los textos muy integrado en una realidad cercana. No se produce nunca la tensión ideológica de la distancia y el misterio, tensión que rodea siempre los mecanismos líricos de García Lorca. El gusto por los ámbitos populares, por las formas naturales y las culturas primitivas, surge como una respuesta distanciadora frente a las normas de la sociedad, como un modo de llegar a las pasiones ocultas y a las verdades maquilladas o sometidas por la civilización. Es una mirada de últimos términos, una convivencia con pulsiones que viven más allá de la luz.

---

[12] *Op. cit.*, págs. 530 y 531.

Por eso no parece exacta la indicación de Moreno Villa
sobre la influencia en García Lorca del andalucismo de
Manuel Machado: «Yo no creo que sin Manolo Macha-
do hubieran conseguido García Lorca y Alberti la desen-
voltura y la emoción gitana que consiguieron» [13]. Gordon
Brotherston, estudioso del poeta sevillano, ha compara-
do alguno de sus poemas flamencos con otros del POEMA
DEL CANTE JONDO, evidenciando las diferencias entre el
costumbrismo y la depuración metafórica. Por lo que se
refiere a la vena popular andalucista, Manuel Machado
se diferencia poco del costumbrismo decimonónico, muy
superficial en este terreno y distante de los mejores logros
de su poesía [14].

La tradición de García Lorca está más cerca de la pos-
tura estética de Juan Ramón Jiménez, por más que el pro-
pio Juan Ramón haya vertido algunas opiniones acera-
das: «Andalucía fue y sigue siendo odiosa, cantada por
los turistas o los complacedores de los turistas, como la
mansión de la jitanería exterior. Tan de pandereta es la
Andalucía de Théophilo Gautier como la de Salvador
Rueda o la de Federico García Lorca, aunque con distin-
ta calidad y conocimiento» [15].

Juan Ramón, que se autocondecoró con el título de an-
daluz universal, fue un abierto partidario de la estiliza-
ción de las formas populares y de un tratamiento esencia-
lista del Sur. Una Andalucía desnuda para una poesía
pura. Ya en el año 1900, cuando el poeta malagueño José

---

[13] «Manuel Machado, la manolería y el cambio», en *Los autores
como actores,* Fondo de Cultura Económica, Madrid, 1976, pág. 125.
[14] Gordon Brotherston, *Manuel Machado,* Taurus, Madrid, 1976.
María Pilar Celma y Francisco Javier Blasco analizan en el mismo sen-
tido el populismo andalucista de Manuel Machado en su edición de *La
Guerra Literaria,* Narcea, Madrid, 1981.
[15] *La corriente infinita,* Aguilar, Madrid, 1961, pág. 157.

Sánchez Rodríguez publica su libro *Alma andaluza,* Juan Ramón Jiménez hace el siguiente comentario epistolar: «Reina no siente a Andalucía; su Andalucía es una odalisca, exuberante de raso, de pedrería; la lira de Reina es una lira de brillantez, sobre un cojín de raso ducal; no es la lira andaluza. Rueda tampoco siente a Andalucía; su Andalucía es una chula sobre un tablado, entre cañas de manzanilla y cantaores; su lira es una guitarra alegre, sobre un pantalón de Manila. El poeta andaluz eres tú y sólo tú; no te has dejado cegar por colorines y músicas celestiales; tú has ido por dentro y has arrancado al alma de Andalucía toda la dulce nostalgia, toda la melancolía de su luz» [16].

Además de en buena parte de su obra, basada en la depuración de tonos tradicionales, lo popular es especialmente significativo en Juan Ramón Jiménez cuando medita sobre la poesía, tomada siempre como expresión, como sugerencia de un estado anímico esencial. Más que en las reglas y las retóricas culturales, el sentimiento desnudo necesario para la poesía se produce, según Juan Ramón, en el anonimato popular. En él sigue funcionando la idea romántica de una voz del pueblo levantada como expresión feliz de la esencia colectiva o universal, una voz que rompe con las limitaciones de lo concreto, que baja y se sumerge sin límites para surgir luego con fuerza en los lugares más inesperados. De ahí esa famosa afirmación suya, utilizada por Alberti: «No hay arte popular, sino tradición popular del arte» [17]. O sea, esa tradición que se resiste a los

---

[16]   Antonio Sánchez Trigueros, *Cartas de Juan Ramón Jiménez al poeta malagueño José Sánchez Reina,* Editorial D. Quijote, Granada, 1984, pág. 53.

[17]   Alberti cita estas palabras de las notas finales de la *Segunda Antolojía Poética* en «Poesía popular en la lírica española contemporánea», en *Prosas encontradas,* Ayuso, Madrid, 1970, pág. 87.

maquillajes civilizadores. Es un tema que le obsesiona a lo largo de sus escritos y conferencias; en *El trabajo gustoso* lo encontramos planteado de la siguiente manera: «El pueblo, como río total, ha andado siempre por debajo; regando con su sangre generosa y escéptica esa enorme frondosidad visible, dueño natural, en la sombra, de los mejores secretos de la vida, poesía y muerte... la filtración ascendente de la savia popular es inextinguible. En cualquier canción española donde se encuentre la verdadera poesía puede señalarse sin vacilación y en más o menos cantidad la sustancia del pueblo» [18].

Como puede verse, son razonamientos muy parecidos a los que Falla y García Lorca utilizan en 1922 para reivindicar la categoría estética e histórica del cante jondo. Sólo esta espiritualización de lo popular justifica el éxito de la temática andaluza en un momento de la poesía española marcado por el rechazo a los regionalismos y por la ambición purista y universalizadora. Bergamín lo señala claramente en un artículo de 1927, publicado en *La Gaceta Literaria* con el significativo título «El idealismo andaluz»: «La transcendencia estética universal de Andalucía, que se ha afirmado idealmente, por la poesía de Juan Ramón Jiménez, la música de Falla y la pintura de Picasso, ha tenido sobre el resto de la actividad artística española última una influencia radical y decisiva. Este *andalucismo universal* ha influenciado tanto en poetas, músicos o pintores —andaluces o no—, que es fácil reconocer sus huellas en cualquier caso, y de todos es muy conocida la trinidad andaluza a que me refiero, y aceptada, en su plena significación ideal, como la única herencia positiva, qui-

---

[18] Juan Ramón Jiménez, *El trabajo gustoso,* Aguilar, México, 1961, pág. 43.

zá, del pasado artístico español reciente»[19]. Ideal y universal son los dos adjetivos que sostienen la validez de esta expresividad andaluza que había sido potenciada como un cauce de depuración sentimental, sin ataduras regionalistas ni anécdotas fáciles. Se prefiere la mirada penetrante que busca la limpieza de un sentimiento natural, la mirada que no participa de ese costumbrismo de «primeros términos» que le quita tensión a las fuerzas naturales y domestica la voluntad de lejanía frente a lo establecido.

En esta tradición se inscribe Federico García Lorca al plantearse la escritura de su POEMA DEL CANTE JONDO. Por eso se muestra partidario de distinguir tajantemente entre andalucismo y españolada, entre cante jondo y flamenco, es decir, entre una cultura realmente primitiva y natural y sus posibles desvirtuaciones modernas, ya sea desde la cultura de salón o desde el costumbrismo chabacano. Buena parte de su conferencia sobre el cante jondo está dedicada a marcar claramente esta diferencia.

Para separarse de la escena tópica García Lorca huye de las descripciones directas de cuadros flamencos. Prefiere reflejar los diversos cantes a través de estados de ánimo, de atmósferas construidas, por ejemplo, con alusiones al paisaje. Las anécdotas flamencas, que no desaparecen del todo, se inscriben en esta depuración anímica, mucho más sugeridora que descriptiva, perdiendo su color de simple costumbrismo. García Lorca, además, cuenta en su labor estilizadora con el uso llamativo de la metáfora de vanguardia, cercano a veces a la libertad de los procedimientos ultraístas. La mezcla de argumenta-

---

[19] *La Gaceta Literaria,* 1 de junio de 1927, pág. 7. Este tema es frecuentemente tratado en las reseñas, antologías y declaraciones de la época. Pongamos sólo otro ejemplo: Adriano del Valle, «Andalucía. La literatura y el arte andaluces entre 1927 y 1928», en *Almanaque de las artes y las letras para 1928,* Biblioteca Acción, I, Madrid, 1928, págs. 62-64.

ciones discursivas y metáforas arriesgadas, que con tanto
éxito se profundizará en el *Romancero gitano,* está ya en
el POEMA DEL CANTE JONDO, en esa disposición de Gar-
cía Lorca para escribir el grito del cantaor, no como una
acuarela de la realidad, sino como una elipse que va de
monte en monte o como una sombra de ciprés en el viento.

4. MANUEL DE FALLA. TRADICIÓN Y VANGUARDIA

Éste es el ámbito ideológico en el que se mueve García
Lorca, el camino recuperador de las tradiciones naturales
y populares andaluzas, que había conseguido gran prota-
gonismo en la literaura española gracias al uso poético de
la canción, a las diversas lecturas filosóficas (desde el ro-
manticismo a Ortega y Gasset) y al estudio sistemático del
folclore andaluz, iniciado por Antonio Machado y Álva-
rez, figura de gran importancia en la reivindicación de los
cantes flamencos, pero posiblemente desconocido para
García Lorca en 1922, porque ni él ni Falla lo citan en
sus trabajos sobre el cante jondo [20].

Otro punto muy importante de contacto con lo popu-
lar, como forma de expresión estilizada que puede convi-
vir con la vanguardia, hay que buscarlo, sobre todo por
lo que se refiere a García Lorca, en la música. Manuel
de Falla había trazado en este terreno un camino impres-
cindible. Aunque su obra es calificada hoy con normali-
dad de popular, no siempre fue así y el público español
de su época tardó mucho tiempo en acostumbrarse a las
dificultades que planteaba. Una vez más fue la generación

---

[20]   Antonio Machado y Álvarez, *Colección de cantes flamencos,* Se-
villa, 1881. Para el estudio del folclorismo andaluz ha hecho una buena
introducción Salvador Rodríguez Becerra en su artículo «Origen y evo-
lución del folclore en Andalucía», en *El Folclore Andaluz. Revista de
cultura tradicional,* núm. 1, 1987, págs. 23-28.

del 27 la que reconsideró definitivamente la obra de Falla, paradigma de las lecturas tradicionalistas y nacionalistas, pero dentro del horizonte europeo de la música moderna, sin localismos fáciles. Quizá en su primera época, cuando compone *Vals capricho* o la *Serenata andaluza,* su estilo tiene todavía influencia de ese nacionalismo convencional, propio de nuestras piezas de salón, dominadoras por entonces en el gusto de una burguesía insistentemente desconectada de cualquier consideración seria sobre la música. Pero el giro se hace claro a partir de *La vida breve,* donde el andalucismo es ya muy poco acomodaticio, en busca de otra relación más intensa con el verismo de la ópera italiana y con la vocación universalista del llamado *folclore imaginario.* La depuración consciente de lo popular vuelve a encontrarse en las *Siete canciones populares españolas,* en *El amor brujo* y en *El sombrero de tres picos.* Pero, seguramente, la obra donde la tarea estilizadora de lo andaluz llega a un extremo más autorizado es en el piano de la *Fantasía Bética,* quizá la mejor pieza para este instrumento escrita jamás en España. La obra, que fue estrenada por Rubinstein en 1920, asume una profunda elaboración de las raíces populares y llega por este camino a un anticonvencionalismo tan patente que fue rechazada durante mucho tiempo por los concertistas y el público.

En las prosas y declaraciones de Falla es constante la ya conocida distinción entre costumbrismo y espíritu popular, así como su tendencia a leer este tipo de tradiciones desde un punto de vista romántico, valorando la pureza de lo primitivo [21]. El impacto musical de Falla hará

---

[21]   Manuel de Falla, *Escritos sobre música y músicos,* Colección Austral, Madrid, 1988, edición de Federico Sopeña. En este libro se recoge el folleto *El cante jondo,* publicado anónimamente en 1922 por la imprenta Urania con motivo del *Concurso.* Aunque no está directamente redactado por la mano de Falla, se utilizan documentos suyos y es fiel plasmación de las ideas del músico sobre el tema.

que los compositores de la generación del 27 se caracteri-
cen también por la convivencia aceptada de la tradición
y la vanguardia, convivencia en la que es posible encon-
trar versiones populares, caminos neoclásicos y manifes-
taciones surrealistas. Tanto el *Grupo de los ocho* (Juan
José Mantecón, Fernando Remacha, Rodolfo Halffter,
Julián Bautista, Gustavo Pittaluga, Rosa García Ascot y
Salvador Bacarisse), como otras figuras significativas
(desde Roberto Gerhard hasta Gustavo Durán), encauzan
su trabajo en este proyecto de elaborar la tradición desde
la vanguardia. Es precisamente el estado de música joven
que cita García Lorca en su conferencia sobre el cante
jondo: «Años más tarde, Manuel de Falla llena su músi-
ca de nuestros motivos puros y bellos en su lejana forma
espectral. La novísima generación de músicos españoles,
como Adolfo Salazar, Roberto Gerhard, Federico Mom-
pou y nuestro Ángel Barrios, entusiastas propagadores del
proyectado concurso, dirigen actualmente sus espejuelos
iluminadores hacia la fuente pura y renovadora del cante
jondo.» Generación de músicos jóvenes que se pone un
poco más adelante en paralelismo con los poetas jóvenes,
entre los que se encuentra García Lorca, dedicados a de-
purar los sentimientos: «Todos los poetas que actualmente
nos ocupamos, en más o menos escala, en la poda y cui-
dado del demasiado frondoso árbol lírico que nos deja-
ron los románticos y posrománticos, quedamos asombra-
dos ante dichos versos. Las más infinitas gradaciones del
Dolor y la Pena, puestas al servicio de la expresión más
pura y exacta, laten en los tercetos y cuartetos de la sigui-
riya y sus derivados. No hay nada, absolutamente nada,
igual en toda España, ni en estilización, ni en ambiente,
ni en justeza emocional» [22].

---

[22]   *Obras Completas,* III, págs. 204 y 205.

Entendido de este modo, el neopopulismo se convertía en una expresión de vanguardia, una manera de literatura esencial frente a lo anecdótico. Como hemos podido comprobar, tanto la vuelta a Andalucía como el crédito de la expresión popular, en cuanto voz de lo verdadero, encajan bien en los presupuestos de la estética joven, cuadran perfectamente en el mundo depurado de la poesía nueva y la nueva música. Utilizar formas neopopulistas no significaba ofrecer facilidades, por lo que el público aburguesado podía reaccionar contra ellas, como ocurrió, por ejemplo, en el estreno de *El amor brujo*.

Por eso era tan importante distinguir bien lo popular del localismo, lo limitado y lo universal. Para concluir con este tema, clave en la comprensión del mundo estético del POEMA DEL CANTE JONDO y de casi toda la poesía de su autor, vamos a citar unas palabras de Adolfo Salazar, crítico de música, generoso reseñador del *Libro de poemas* y el amigo epistolar de García Lorca que primero recibe noticias de un posible libro sobre el cante jondo. En *La música contemporánea española,* Adolfo Salazar se plantea el problema del localismo y lo popular en los nombres de Barbieri y de Pedrell. «La disyuntiva —escribe— entre el concepto de lo popular y su empleo, que conduce a una categoría universal o que deja reducido el arte a un servicio local, municipal casi, se muestra claramente en Barbieri y en Pedrell, según he procurado mostrar. Si se sigue el criterio de Barbieri, su aspiración poco ambiciosa de complacer al público ciudadano, nuestra música no pasará de ese menester subordinado, utilitario, cualquiera que sea su gracia y agudeza intrínseca, que en Barbieri era grande.» Sin embargo, el camino de Pedrell es más exigente, más relacionado con la estirpe estilizante que estamos viendo. Adolfo Salazar lo define así: «Una intuición cierta de los alcances universales de la música natural ele-

vada por la virtud de un alto concepto, de una relación
superior y de una aspiración a la categoría. El canto po-
pular es en él el vuelo de la alondra que partiendo del te-
rruño llega a la nube» [23].

5. «POEMA DEL CANTE JONDO»

Manuel de Falla se estableció en Granada en 1920, ani-
mado por su amistad con el guitarrista granadino Ángel
Barrios y por la admiración que Albéniz y Debussy ha-
bían demostrado por la ciudad de la Alhambra. Esta resi-
dencia granadina de Falla servirá para fortalecer la cultu-
ra musical que García Lorca poseía desde niño y para
reafirmarlo en su recuperación estética de los antiguos can-
cioneros musicales y de las tradiciones folclóricas. Por otra
parte, el prestigio del músico gaditano posibilitaría la rea-
lización de algunas empresas culturales, alentadas por el
círculo de jóvenes artistas granadinos. Este es el caso del
Primer concurso de cante jondo, celebrado en el Corpus
de 1922, acto estrechamente ligado con la primera redac-
ción del POEMA DEL CANTE JONDO.

Es secundaria la cuestión del protagonismo de la idea
original, debatida por algunos estudiosos entre Miguel
Cerón, Falla o García Lorca, porque lo verdaderamente
importante es la significación cultural del proyecto, muy
vinculada a la lectura espiritual, poco costumbrista, de las
tradiciones naturales y primitivas. La idea nace, como in-
dicó Eduardo Molina Fajardo en su libro *Manuel de Falla
y el cante jondo* [24], en una atmósfera artística cercana a
la tertulia de Fernando Vílchez y su carmen del Albaicín,

---

[23]   *La música contemporánea,* Madrid, 1930, págs. 269 y 270.
[24]   Universidad de Granada, 1962. Una edición facsímil de este libro,
precedida de un extenso prólogo de Andrés Soria Ortega, acaba de apa-
recer en la colección Archivum, Universidad de Granada, 1990.

en el que solían reunirse Miguel Cerón, el guitarrista Manuel Jofré y Manuel de Falla. A esta tertulia se uniría también Federico García Lorca.

En el epistolario de García Lorca se han encontrado algunas referencias interesantes, sobre todo en dos cartas a Adolfo Salazar. En la primera, del 2 de agosto de 1921, deja constancia de su inquietud personal por el flamenco: «Además (¿no sabes?) estoy aprendiendo a tocar la guitarra; me parece que lo flamenco es una de las creaciones más gigantescas del pueblo español. Acompaño ya fandangos, peteneras y *er cante de los gitanos,* tarantas, bulerías y ramonas.» En la segunda, del 1 de enero de 1922, tras mencionar los preparativos del *Concurso,* hay una referencia muy interesante al nuevo libro: «Terminé de dar el último repaso a las suites y ahora pongo los tejadillos de oro al POEMA DEL CANTE JONDO, que publicaré coincidiendo con el concurso. Es una cosa distinta de las suites y llena de sugestiones andaluzas. Su ritmo es *estilizadamente popular,* y saco a relucir en él a los cantaores viejos y a toda la fauna y flora fantástica que llena estas sublimes canciones. El Silverio, el Juan Breva, el Loco Mateo, la Parrala, el Fillo... y ¡la Muerte! Es un retablo... es... un *puzzle americano,* ¿comprendes? El poema empieza con un crepúsculo inmóvil y por él desfilan la *siguiriya,* la *soleá,* la *saeta,* y la *petenera.* El poema está lleno de gitanos, de velones, de fraguas, tiene hasta alusiones a Zoroastro. Es la primera cosa de *otra orientación mía* y no sé todavía qué decirte de él... ¡pero novedad sí tiene! El único que lo conoce es Falla, y está entusiasmado... y lo comprenderás muy bien conociendo a *Manué* y sabiendo la locura que tiene por estas cosas. Los poetas españoles no han *tocado* nunca este tema y siquiera por el atrevimiento merezco una sonrisa, que tú me enviarás enseguidita» [25].

---

[25] *Epistolario,* págs. 38 y 49.

La carta tiene un gran valor documental por las declaraciones que hace sobre su cambio de orientación y sus esfuerzos en busca de un ritmo estilizadamente popular, en la línea que antes trazábamos desde el romanticismo de Ferrán y Bécquer hasta Falla y Juan Ramón. Sólo por esta voluntad estilizadora se puede justificar la afirmación de que «los poetas españoles no han tocado nunca este tema», porque desde un realismo de «primeros términos» eran frecuentes las composiciones de Rueda, Villaespesa y Manuel Machado. En la carta hay, además, una clara descripción de la estructura del libro, muy cercana a la que se publicará definitivamente en 1931. Es verdad que García Lorca le estaba poniendo los tejadillos de oro, porque el borrador básico se había elaborado en noviembre de 1921, como puso de manifiesto Martínez Nadal al publicar el manuscrito original [26].

El *Concurso* tomó cuerpo definitivamente con el apoyo del Centro Artístico y la instancia presentada al Ayuntamiento, el 31 de diciembre de 1921, pidiendo la subvención necesaria. A los preparativos y a los actos, celebrados el 13 y 14 de junio de 1922, se fueron sumando numerosas personalidades como Turina, Juan Ramón Jiménez, Ramón Pérez de Ayala, Adolfo Salazar, Alfonso Reyes, Fernando Vela, Manuel Angelez Ortiz, Ignacio Zuloaga, Andrés Segovia, etc. Ramón Gómez de la Serna presentó el *Concurso,* en el que destacaron Manuel Ortega, «Caracol», casi un niño, y el anciano Diego Bermúdez, «El Tenazas», además de Antonio Chacón, que hizo de presidente del jurado.

Federico García Lorca, que fue uno de los firmantes de la petición de ayuda al Ayuntamiento, no publicó su

---

[26]   Federico García Lorca, *Autógrafos,* The Dolphin Book Co. Ltd., Oxford, 1975. Prólogo, transcripción y notas de Rafael Martínez Nadal.

POEMA DEL CANTE JONDO durante los días del *Concurso,* pero tuvo dos actuaciones importantes. El 19 de febrero de 1922 pronunció en el Centro Artístico su conferencia sobre la importancia histórica del cante jondo, para justificar la iniciativa: «El grupo de intelectuales y amigos entusiastas que patrocina la idea del concurso, no hace más que dar una voz de alerta. ¡Señores, el alma música del pueblo está en gravísimo peligro! ¡El tesoro artístico de toda una raza va camino del olvido!»[27]. Y el 7 de junio participó en el último acto de propaganda, una velada en el Palace Hotel, en la que intervinieron Antonio Gallego Burín, Manuel Jofré y Andrés Segovia. García Lorca leyó algunas composiciones de su POEMA DEL CANTE JONDO, con gran éxito según *El Defensor de Granada:* «La tarde fue para Federico García Lorca... Granada cuenta con un poeta. Este chico, soñador y enamorado de lo bello y lo sublime, mañana será una gloría»[28].

La historia de este libro, desde su primera redacción en vísperas del *Concurso* hasta la publicación definitiva de 1931, ha sido minuciosamente reconstruida por Mario Hernández y Christian de Paepe en sus respectivas ediciones. En 1923 le escribe el poeta a Falla, anunciándole que está «ordenando para publicar el POEMA DEL CANTE JONDO»[29]. En 1926 vuelve, en distintas cartas, a mostrar interés por publicar, sobre todo en una de febrero destinada a su hermano Francisco: «He trabajado en pulir cosas. La suites arregladas quedan deliciosas y de un lirismo profundísimo. Son tres. Un libro de Suites. Un libro de Canciones cortas, ¡el mejor! Y el Poema del cante jondo con las canciones andaluzas»[30]. Sabemos que Emilio

---

[27] *Obras Completas,* III, pág. 195.
[28] 8 de junio de 1922.
[29] *Epistolario,* pág. 83.
[30] *Op. cit.,* pág. 143.

Prados se llevó a Málaga los originales de estos tres libros para su publicación, fallida finalmente por la dificultad de transcribir los complicados manuscritos de García Lorca y por la tensión generada entre los dos amigos a causa de las erratas en los romances del poeta granadino, publicados en el primer número de *Litoral*.

El retraso en la publicación del libro posibilita la aparición de dos adelantos importantes. En 1927 le envía a Jorge Guillén y Juan Guerrero Ruiz su colaboración para *Verso y Prosa (Boletín de la joven literatura)*. En la primera página del número cuatro aparecen dieciséis poemas, de los cuales seis pertenecen al POEMA DEL CANTE JONDO y son publicados bajo el título *Viñetas flamencas*. Todos provienen de la sección de los autógrafos titulada *Poema flamenco:* «Adivinanza de la guitarra», «Candil», «Malagueña», «Memento», «Crótalo» y «Baile». Casi tres años más tarde, durante su estancia en Nueva York, participa en una sesión de homenaje a Antonia Mercé, «la Argentinita», organizada por el Instituto de las Españas el 16 de diciembre de 1929. En el libro que recoge este homenaje, *Antonia Merce, la Argentinita* (Instituto de las Españas, Nueva York, 1930), se publican una «Balada de los tres ríos» y dos secciones mayores con el título «Gráfico de la petenera» y «Plano de la soleá» (págs. 23-35).

Las circunstancias de la publicación definitiva del POEMA DEL CANTE JONDO fueron evocadas por Martínez Nadal en la introducción a los *Autógrafos:* «En el otoño de 1930, al regresar Lorca de su viaje a Nueva York y Cuba, las mejores editoriales de Madrid y Barcelona intensificaron sus gestiones para conseguir algún texto del poeta. Sin embargo, cuando en la primavera de 1931 aparece el POEMA DEL CANTE JONDO, la firma que lo publica no es ninguna de las grandes, sino la joven y modesta Ediciones Ulises, fundada a la sombra de la

Compañía Iberoamericana de Publicaciones, por Julio Gómez de la Serna» [31]. Lorca le dio los originales de 1921 a Martínez Nadal para que los pasase a máquina; juntos hicieron una selección de cincuenta poemas, a los que se añadió como prólogo la «Baladilla de los tres ríos». Viendo que el libro resultaba pequeño, el poeta incluyó dos diálogos finales, escritos en 1925, con los títulos «Escena del teniente coronel de la Guardia Civil» y «Diálogo del Amargo». Ésta es la historia de la primera edición del POEMA DEL CANTE JONDO (Ulises, Madrid, 1931), contada minuciosamente por Martínez Nadal. Hay que pensar, sin embargo, que el proceso de elaboración no fue tan fácil, porque hubo una tarea de corrección significativa por parte del poeta. Como ya señaló García Posada, «de la narración de Martínez Nadal parece deducirse que Federico García Lorca trabajó sobre los autógrafos de 1921, lo que desmiente un análisis textual mínimamente profundo» [32]. En efecto, hubo trabajo intermedio de corrección, como se comprueba en los adelantos, trabajo posiblemente acrecentado ante la edición definitiva. Por eso es conveniente respetar al máximo el texto de Ulises, pareciéndonos excesivamente arriesgado para una edición crítica convertir en erratas subsanables los cambios producidos respecto al original.

6. Naturaleza y muerte

La estructura de libro, aun con los añadidos finales, conserva su carácter unitario, con el horizonte del cante jondo como escena y el protagonismo sugeridor de la naturaleza primitiva y la muerte. El libro está compuesto por un prólogo («La baladilla de los tres ríos»), cuatro secciones centrales que le dan cuerpo («Poema de la seguiriya

---

[31] *Autógrafos,* pág. XIII.
[32] En Federico García Lorca, *Obras, 1,* Akal, Madrid, 1980, pág. 548.

gitana», «Poema de la soleá», «Poema de la saeta» y «Grá-
fico de la petenera»), una serie de estampas flamencas or-
denadas en cuatro apartados menores («Dos muchachas»,
«Viñetas flamencas», «Tres ciudades», «Seis caprichos»)
y los dos diálogos finales, que se integran perfectamente
en el libro, porque mantienen una argumentación muy cer-
cana de fatalidad, peligro, vida dañada y muerte.

La conferencia de García Lorca sobre el cante jondo,
tantas veces citada ya, es una ayuda imprescindible para
conocer los planteamientos del poeta a la hora de redac-
tar su libro, empezando por la ordenación rítmica de los
versos. «Por este modo —escribe— llega el cante jondo
a producirnos la impresión de una prosa cantada, destru-
yendo toda la sensación de ritmo métrico, aunque en rea-
lidad son tercetos o cuartetos asonantados sus textos lite-
rarios» [33]. García Lorca intenta producir una sensación
parecida en la mayoría de sus poemas, mezclando ritmos,
estableciendo una secuencia melódica, que inmediatamente
rompe con el número de sílabas o con la disposición grá-
fica de los versos. Una sensación de prosa cantada, de mo-
notonía que se va desarrollando dolorosamente, casi siem-
pre por ritmos que aparecen y desaparecen, contenidos en
la rima asonante:

> Empieza el llanto
> de la guitarra.
> Se rompen las copas
> de la madrugada.
> Empieza el llanto
> de la guitarra.
> Es inútil
> callar.
> Es imposible
> callarla.

---

[33] *Obras Completas,* III, pág. 199.

Otras veces la rima es en consonante, como en «Encrucijada», o no existe, como en «¡Ay!», sosteniéndose la unidad rítmica en la monotonía de las repeticiones y los estribillos. García Lorca busca una irregularidad musical, una lentitud deforme, pero conservadora de melodías secretas, acercándose voluntariamente a ese tono de prosa cantada que él ve en las ondulaciones del cante jondo.

La argumentación del libro es clarísima. Suele olvidarse que los libros de poemas tienen también argumento, aunque no se exponga de forma discursiva, sino atmosférica, construyendo un ambiente, una manera de sentir. El POEMA DEL CANTE JONDO busca una alternativa fuera de la normalidad, de los valores sociales establecidos, de la rutina de los hombres urbanizados. Las frecuentísimas alusiones que hay en la conferencia a los valores puros primitivos, a los misterios del exotismo y la lejanía, denuncian románticamente la mediocre existencia de las normas reales, llegando a establecerse una vez más la disputa entre naturaleza y civilización, entre campo y ciudad. Hablando de la prostitución sufrida por la poesía natural, escribe García Lorca en su conferencia: «Aunque esto ocurre exclusivamente en las ciudades, porque afortunadamente para la virgen Poesía y para los poetas aún existen marineros que cantan sobre el mar, mujeres que duermen, a sus niños a la sombre de las parras, pastores ariscos en las veredas de los montes»[34].

En el POEMA DEL CANTE JONDO esta vuelta a la naturaleza, a ser voz de la naturaleza, se materializa de distintos modos. Los estados de ánimos del cante se describen por paisajes, permanentes protagonistas del verso:

---

[34] *Op. cit.*, pág. 211.

> Sobre el olivar
> hay un cielo hundido
> y un lluvia oscura
> de luceros fríos.

Otras veces se evocan los orígenes perdidos, las situaciones puras fracasadas:

> Llora flecha sin blanco,
> la tarde sin mañana,
> y el primer pájaro muerto
> sobre la rama.

Hay también personalizaciones en las que llora el viento, las valles inclinan sus frentes y las montañas miran puntos lejanos. Pero la apuesta por la naturaleza conlleva la contradicción, aludida anteriormente, de las preguntas sin respuesta y los deseos imposibles. Romper con las normas significa ponerse de parte de la libertad, del exceso, sin las fuerzas suficientes para defenderse de una realidad hostil. Una tarea heroica llamada al sacrificio. Por eso el tono del POEMA está marcado por el sollozo, por el grito, por el ay, y, emblemáticamente, por la imagen de la cruz, no como símbolo religioso, sino como señal de la muerte. La cruz de García Lorca es el signo que se pone a un lado del camino para recordar una muerte accidentada, lejos de la casa propia, final sangriento de un propósito incumplido:

> Cruz.
> (Punto final
> del camino.)

El muerto en la calle con un puñal en el pecho, los cien enamorados, el Amargo, los cien jinetes enlutados, todos acaban en «el laberinto de las cruces / donde tiembla el cantar», todos son compañeros de los héroes típicos de García Lorca, como Mariana Pineda, como Adela, como el jinete que nunca llegará a Córdoba, protagonistas que asumen su destino de marginalidad y acaban su búsqueda en la muerte. En el POEMA DEL CANTE JONDO está la oscuridad trágica y consciente de un sujeto dañado por la vida, una visión muy propia de toda la poesía contemporánea. Asumir la normalidad es aceptar la rutina, la falta de pasión, la hipocresía degeneradora de los sentimientos, la existencia humillada. Pero oponerse lleva al fracaso, porque al margen de la humillación sólo hay lugar para la muerte. El poder de la rebeldía es débil y no llega nunca a realizar sus deseos, a veces por impotencia propia, a veces por esa fuerza superior de la realidad hostil a la que metafóricamente se le da el nombre de destino. La libertad del sujeto es enunciada aquí como una pregunta sin posible respuesta:

> Quise llegar adonde
> llegaron los buenos.
> ¡Y he llegado, Dios mío!...
> Pero luego,
> un velón y una manta
> en el suelo.

La conciencia de este itinerario fatal hace que los versos se apoyen constantemente en la falta, en el sin, en la pérdida. La flecha sin blanco es como la misma pena cantando, como la voz de Juan Breva que tenía «algo de mar sin luz / y naranja exprimida». El poeta habla desde una sabiduría muy determinada:

El corazón
fuente del deseo,
se desvanece.

(Sólo queda
el desierto.)

O bien:

Todo se ha roto en el mundo.
No queda más que el silencio.

Por el uso estilizado de las formas populares, por la imagen de Andalucía empleada, por la misión que cumple el poder metafórico y por los argumentos que se sugieren para construir la atmósfera de los versos, el POEMA DEL CANTE JONDO es sin duda un libro clave en la formación del mundo poético de Federico García Lorca.

BIBLIOGRAFÍA

Ediciones

ALLEN JOSEPHS y JUAN CABALLERO: *Poema del cante jondo. Romancero gitano,* Cátedra, Madrid, 1978.

JOSÉ LUIS CANO: *Romancero gitano. Poema del cante jondo,* Selecciones Austral, Espasa-Calpe, Madrid, 1978.

MIGUEL GARCÍA POSADA: *Poesía, 1,* Akal, Madrid, 1980.

MARIO HERNÁNDEZ: *Poema del cante jondo,* Alianza Editorial, Madrid, 1982.

ARTURO DEL HOYO: *Obras Completas,* I, Aguilar, Madrid, 1986.

CHRISTIAN DE PAEPE: *Poema del cante jondo,* Clásicos Castellanos, Espasa-Calpe, Madrid, 1986.

Estudios

MANUEL ANTONIO ARANGO: «Dolor, muerte y mito en el *Poema del cante jondo*», en *Cuadernos Hispanoamericanos,* 435-436, 1986, págs. 575-580.

IAN GIBSON: «Falla, Lorca y el cante jondo», en *Federico García Lorca. 1. De Fuente Vaqueros a Nueva York,* Grijalbo, Madrid, 1985, págs. 303-328.

FÉLIX GRANDE: «García Lorca y el flamenco», en *Cuadernos Hispanoamericanos,* 479, 1990, págs. 49-65.

LUIS MARTÍNEZ CUITIÑO: «Universalidad de algunas simbologías míticas en el *Poema del cante jondo*», en *Cuadernos Hispanoamericanos,* 435-436, 1986, páginas 581-589.

RAFAEL MARTÍNEZ NADAL: «Prólogo, transcripción y notas» a Federico García Lorca, en *Autógrafos,* The Dolphin Book Co. Ltd., Oxford, 1975.

NORMA C. MILLER: *Lorca's «Poema del cante jondo»,* Tamesis Book, 1978.

MARIA GRAZIA PROFETTI: «Repertorio simbólico e codice nel *Poema del cante jondo*», en *Lingua e stile,* XII, núm. 2, 1977, págs. 267-317.

NOTA EDITORIAL

Seguimos la primera edición del POEMA DEL CANTE JONDO (Ediciones Ulises, Compañía Iberoamericana de Publicaciones, Madrid, 1931). Esta edición fue presentada con las siguientes «Palabras de los editores»: «Este libro de poesías fue escrito en 1921. Para el sentido de la obra de Federico García Lorca es importante señalar que está hecho con toda la exaltación y todo el valor de la más acusada juventud. Por entonces, el admirable maestro Falla, en unión con Federico García Lorca, estudiaron, planearon y llevaron a realidad —una realidad enmarcada en la irrealidad de los jardines de Granada— la primera y genuina fiesta del Cante Jondo. POEMA DEL CANTE JONDO que hoy se publica en estas Ediciones, corresponde a la primera época del poeta y marca un momento álgido del lirismo en el ciclo del poeta. (Su famoso, y por fortuna tan extendido entre los lectores españoles, *Romancero gitano* marca, en cambio, el momento dramático de su obra.) Federico García Lorca ha hecho teatro recientemente; se ha asomado a la vorágine neoyorquina; ha sido repetidamente conferencista —de un tipo, naturalmente, personalísimo—. Sus actividades tienen cada día mayor multiplicidad; por eso su poesía —sentido y norma— es una y varia... Lo mismo que el poeta que, a diario se desmembra en cuatro o cinco Federicos García Lorca, urbanos, tránsfugas, cosmopolitas, indolentes, sensuales, tristes o cerebrales, siempre dentro de la piel morena del Federico García Lorca visible... Su modernidad se atempera perfectamente con su carácter: él se emborracha siempre, como quería Baudelaire, de vino o de poesía. Federico García Lorca sabe como nadie buscar y encontrar ese destello puro del diamante de la emoción, que todos llevan, unos a flor de carne, otros escondido interiormente. ¡Máximo triunfo! La calidad, la hondura, la auténtica originalidad, la nitidez, el centelleo de la imagen, en la poesía de García Lorca no necesitan subrayarse ni encomiarse: él ha triunfado plenamente, tanto entre la elite como el gran público. Éxito sin precedentes, popular y escogido, de un poeta joven, puro.

»Ulises, nuestro patrono, y con él los ulisidas, elevamos nuestro arco triunfal para acoger la primera obra poética del primer poeta español que arriba a nuestra colección. La publicación del POEMA DEL CANTE JONDO es un día de fiesta para el público, para nosotros...»

Debido a la puntuación ilógica que utiliza con frecuencia el poeta y a la conservación de los manuscritos originales, publicados por Rafael Martínez Nadal, los editores del POEMA han venido corrigiendo, con más o menos libertad, el texto de la edición de Ulises, bien para normalizar la puntuación, bien para subsanar posibles erratas. Aunque muchas de las argumentaciones utilizadas son razonables, hemos preferido respetar fielmente el texto de la primera edición. Las comas irregulares de García Lorca dependen más del ritmo ideado para los poemas que de la ordenación lógica de la frase, por lo que nos parece literariamente correcta su permanencia. Además, debe tenerse en cuenta que los manuscritos publicados por Martínez Nadal, como se desmuestra con una detallada comparación textual, sólo son buenos borradores que el poeta cambió libremente cada vez que los consideró oportuno. Como ya ha señalado Miguel García Posada, entre los manuscritos y la redacción definitiva hubo estados intermedios de elaboración, sobre todo por lo que se refiere a las «Viñetas flamencas» (publicadas en *Verso y Prosa*, I, 4, Murcia, abril 1927, pág. 1) y al importante avance del libro publicado en el homenaje a *Antonia Mercé, la Argentinita. Ensayos de Federico de Onís, Gabriel García Maroto y Ángel del Río. Poesías de Federico G. Lorca* (Nueva York, 1930).

García Lorca pudo corregir, cosa normal en él y en todo poeta, al revisar los manuscritos, en las copias en limpio o incluso sobre las pruebas. Por eso me parece prudente respetar el texto lo máximo posible, sin interferencias de la mano del crítico, asegurándole por lo menos al nuevo lector que va a conocer el POEMA DEL CANTE JONDO tal y como Federico García Lorca y los lectores de su época lo vieron en 1931, cuando fue impreso en libro por primera vez. Por tanto, no cambiamos los signos de puntuación, ni utilizamos las mayúsculas para personalizar algunos términos, ni trastocamos la disposición de los versos o las acotaciones en los diálogos.

Las correcciones que aceptamos, cuatro en total, son las siguientes:

Baladilla de los tres ríos. Suprimimos el acento en el «fue» del estribillo. En general, hemos normalizado la acentuación. Al final del verso 22 se cambia la coma por un punto, para corregir una errata evidente.

Clamor. Los dos últimos versos en Ulises: «El viento con el polvo, / hacer proras de platas.» Como señalan Miguel García Posada y Mario Hernández, atendiendo a la edición del Instituto de las Españas y a la forma adoptada en el poema «Campana», el último verso debe ser: «hace proras de plata».

Adivinanza de la guitarra. Los versos 7, 8 y 9 de Ulises: «Los sueños de ayer las buscan / pero las tienen abrazadas, / un Polifemo de oro.» Como indican todos los editores, el verso 8 debe ser: «pero las tiene abrazadas».

Escena del teniente coronel de la Guardia Civil. En la página 140 de Ulises, última intervención del teniente coronel: «¡Ayyyyy, pun, pin, pam! (Cae muerto,).» Hemos corregido: «¡Ayyyyy, pun, pin, pam! (Cae muerto.)»

Es también conveniente dar noticia aquí de algunas variantes que deben ser tenidas en cuenta. Aunque no las hayamos introducido en el texto, por respetar la primera edición y las posibles correcciones de García Lorca, el lector curioso debe conocerlas por su aceptación generalizada y por su interés. Son las siguientes:

El paso de la siguiriya. Los versos 11 y 12 de Ulises: «¿Adónde vas siguiriya / con un ritmo sin cabeza.» Todos los editores, excepto José Luis Cano, corrigen: «¿Adónde vas, siguirilla,.» En el manuscrito García Lorca tampoco utiliza las comas.

Alba. Miguel García Posada señala oportunamente que en el verso 14 de este poema puede haber una errata. En la edición de Ulises aparece: «que han llenado de luces». En el manuscrito: «que han llenado de cruces».

Falseta. García Posada prefiere como título «Falsete», basándose en el manuscrito y en la edición de homenaje a La Argentinita.

Lamentación de la muerte. Los versos 18, 19, 20 y 21 de Ulises: «¡Ya lo sabéis!... Porque luego / luego, / un velón y una manta / en el suelo.» Todos los editores corrigen la posición de las comas: «... Porque luego, luego.» El manuscrito no resuelve nada, por tratarse de una variante.

Memento. Casi todos los editores ponen coma al final de los versos 1, 4 y 7. En Ulises sólo lleva coma el verso 7. Opto, como Christian de Paepe, por mantener el texto de la primera edición.

Escena del teniente coronel de la Guardia Civil. Como han señalado García Posada y Hernández, en la cuarta intervención del teniente coronel, según el manuscrito, se dice: «Me ha saludado el cardenal arzobispo de Toledo.» En Ulises se suprime la referencia a Toledo. Pudiera ser una errata.

Diálogo del Amargo. En la página 160 de Ulises se produce este diálogo: «Jinete. —¿No son aquellas las luces de Granada? / Amargo. —No sé. / Jinete. —El mundo es muy grande. / Amargo. —Como que está deshabitado.» Como han señalado García Posada, Hernández y De Paepe, en el manuscrito aparece: «Amargo. —No sé. El mundo es muy grande. / Jinete. —Y muy sólo. / Amargo. —Como que está deshabitado.» Puede ser una corrección del poeta o un fallo importante de composición en Ulises. Si se opta por esta segunda posibilidad, es conveniente hacer dos nuevas correcciones. Página 161, segunda intervención del Jinete: «Porque llegas allí. ¿Qué haces?» Según el manuscrito: «Porque si llegas allí, ¿qué haces?» En la página 163 de Ulises habría, además, un nuevo olvido en la composición: «Jinete. —Mira como relumbran los miradores. / Amargo. —Sí, ciertamente.» Según el manuscrito: «Jinete. —Mira como relumbran los miradores. / Amargo. —La encuentro un poco cambiada. / Jinete. —Es que estás cansado. / Amargo. —Sí, ciertamente.» De Paepe es el único que asume esta última corrección.

Todas estas correcciones pueden valorarse, junto a otras muchas que se han efectuado sobre el texto de la primera edición. Nosotros hemos preferido respetar fielmente el libro publicado en vida de García Lorca, para no caer en el peligro de tomar por erratas las versiones aprobadas o las correcciones del poeta. En cualquier caso, se trata de detalles sin significación literaria importante, que no deben preocupar mucho al lector interesado por captar el verdadero sentido lírico de este POEMA DEL CANTE JONDO.

POEMA DEL CANTE JONDO

BALADILLA DE LOS TRES RÍOS

A Salvador Quintero.

El río Guadalquivir
va entre naranjos y olivos.
Los dos ríos de Granada
bajan de la nieve al trigo.

¡Ay, amor
que se fue y no vino!

El río Guadalquivir
tiene las barbas granates.
Los dos ríos de Granada
uno llanto y otro sangre.

¡Ay, amor
que se fue por el aire!

Para los barcos de vela,
Sevilla tiene un camino;
por el agua de Granada
sólo reman los suspiros.

¡Ay, amor
que se fue y no vino!

Guadalquivir, alta torre
y viento en los naranjales.
Dauro y Genil, torrecillas
muertas sobre los estanques.

¡Ay, amor
que se fue por el aire!

¡Quién dirá que el agua lleva
un fuego fatuo de gritos!

¡Ay, amor
que se fue y no vino!

Lleva azahar, lleva olivas,
Andalucía, a tus mares.

¡Ay, amor
que se fue por el aire!

POEMA DE LA SIGUIRIYA GITANA

A Carlos Morla Vicuña.

PAISAJE

El campo
de olivos
se abre y se cierra
como un abanico.
Sobre el olivar
hay un cielo hundido
y una lluvia oscura
de luceros fríos.
Tiembla junco y penumbra
a la orilla del río.
Se riza el aire gris.
Los olivos,
están cargados
de gritos.
Una bandada
de pájaros cautivos,
que mueven sus larguísimas
colas en lo sombrío.

LA GUITARRA

Empieza el llanto
de la guitarra.
Se rompen las copas
de la madrugada.
Empieza el llanto
de la guitarra.
Es inútil
callarla.
Es imposible
callarla.
Llora monótona
como llora el agua,
como llora el viento
sobre la nevada.
Es imposible
callarla.
Llora por cosas
lejanas.
Arena del Sur caliente
que pide camelias blancas.
Llora flecha sin blanco,

la tarde sin mañana,
y el primer pájaro muerto
sobre la rama.
¡Oh guitarra!
Corazón malherido
por cinco espadas.

EL GRITO

La elipse de un grito,
va de monte
a monte.

Desde los olivos,
será un arco iris negro
sobre la noche azul.

¡Ay!

Como un arco de viola,
el grito ha hecho vibrar
largas cuerdas del viento.

¡Ay!

(Las gentes de las cuevas
asoman sus velones.)

¡Ay!

EL SILENCIO

Oye, hijo mío, el silencio.
Es un silencio ondulado,
un silencio,
donde resbalan valles y ecos
y que inclina las frentes
hacia el suelo.

EL PASO DE LA SIGUIRIYA

Entre mariposas negras,
va una muchacha morena
junto a una blanca serpiente
de niebla.

Tierra de luz,
cielo de tierra.

Va encadenada al temblor
de un ritmo que nunca llega;
tiene el corazón de plata
y un puñal en la diestra.

¿Adónde vas siguiriya
con un ritmo sin cabeza?
¿Qué luna recogerá
tu dolor del cal y adelfa?

Tierra de luz,
cielo de tierra.

DESPUÉS DE PASAR

Los niños miran
un punto lejano.

Los candiles se apagan.
Unas muchachas ciegas
preguntan a la luna,
y por el aire ascienden
espirales de llanto.

Las montañas miran
un punto lejano.

Y DESPUÉS

Los laberintos
que crea el tiempo,
se desvanecen.

(Sólo queda
el desierto.)

El corazón
fuente del deseo,
se desvanece.

(Sólo queda
el desierto.)

La ilusión de la aurora
y los besos,
se desvanecen.

Sólo queda
el desierto.
Un ondulado
desierto.

POEMA DE LA SOLEÁ

A Jorge Zalamea.

Tierra seca,
tierra quieta
de noches
inmensas.

(Viento en el olivar,
viento en la sierra.)

Tierra
vieja
del candil
y la pena.
Tierra
de las hondas cisternas.
Tierra
de la muerte sin ojos
y las flechas.

(Viento por los caminos.
Brisa en las alamedas.)

PUEBLO

Sobre el monte pelado
un calvario.
Agua clara
y olivos centenarios.
Por las callejas
hombres embozados,
y en las torres
veletas girando.
Eternamente
girando.
¡Oh, pueblo perdido,
en la Andalucía del llanto!

PUÑAL

El puñal,
entra en el corazón,
como la reja del arado
en el yermo.

No.
No me lo claves.
No.

El puñal,
como un rayo de sol,
incendia las terribles
hondonadas.

No.
No me lo claves.
No.

ENCRUCIJADA

Viento del Este;
un farol
y el puñal
en el corazón.
La calle
tiene un temblor
de cuerda
en tensión,
un temblor
de enorme moscardón.
Por todas partes
yo
veo el puñal
en el corazón.

¡AY!

El grito deja en el viento
una sombra de ciprés.

(Dejadme en este campo
llorando.)

Todo se ha roto en el mundo.
No queda más que el silencio.

(Dejadme en este campo
llorando.)

El horizonte sin luz
está mordido de hogueras.

(Ya os he dicho que me dejéis
en este campo
llorando.)

SORPRESA

Muerto se quedó en la calle
con un puñal en el pecho.
No lo conocía nadie.
¡Cómo temblaba el farol!
Madre.
¡Cómo temblaba el farolito
de la calle!
Era madrugada. Nadie
pudo asomarse a sus ojos
abiertos al duro aire.
Que muerto se quedó en la calle
que con un puñal en el pecho
y que no lo conocía nadie.

LA SOLEÁ

Vestida con mantos negros
piensa que el mundo es chiquito
y el corazón es inmenso.

Vestida con mantos negros.

Piensa que el suspiro tierno
y el grito, desaparecen
en la corriente del viento.

Vestida con mantos negros.

Se dejó el balcón abierto
y al alba por el balcón
desembocó todo el cielo.

¡Ay yayayayay,
que vestida con mantos negros!

CUEVA

De la cueva salen
largos sollozos.

(Lo cárdeno
sobre lo rojo.)

El gitano evoca
países remotos.

(Torres altas y hombres
misteriosos.)

En la voz entrecortada
van sus ojos.

(Lo negro
sobre lo rojo.)

Y la cueva encalada
tiembla en el oro.

(Lo blanco
sobre lo rojo.)

ENCUENTRO

Ni tú ni yo estamos
en disposición
de encontrarnos.
Tú... por lo que ya sabes.
¡Yo la he querido tanto!
Sigue esa veredita.
En las manos,
Tengo los agujeros
de los clavos.
¿No ves cómo me estoy
desangrando?
No mires nunca atrás,
vete despacio
y reza como yo
a San Cayetano,
que ni tú ni yo estamos
en disposición
de encontrarnos.

ALBA

Campanas de Córdoba
en la madrugada.
Campanas de amanecer
en Granada.
Os sienten todas las muchachas
que lloran a la tierna
soleá enlutada.
Las muchachas,
de Andalucía la alta
y la baja.
Las niñas de España,
de pie menudo
y temblorosas faldas,
que han llenado de luces
las encrucijadas.
¡Oh, campanas de Córdoba
en la madrugada,
y oh, campanas de amanecer
en Granada!

POEMA DE LA SAETA

A Francisco Iglesias.

ARQUEROS

Los arqueros oscuros
a Sevilla se acercan.

Guadalquivir abierto.

Anchos sombreros grises,
largas capas lentas.

¡Ay, Guadalquivir!

Vienen de los remotos
países de la pena.

Guadalquivir abierto.

Y van a un laberinto.
Amor, cristal y piedra.

¡Ay, Guadalquivir!

NOCHE

Cirio, candil,
farol y luciérnaga.

La constelación
de la saeta.

Ventanitas de oro
tiemblan,
y en la aurora se mecen
cruces superpuestas.

Cirio, candil,
farol y luciérnaga.

SEVILLA

Sevilla es una torre
llena de arqueros finos.

Sevilla para herir.
Córdoba para morir.

Una ciudad que acecha
largos ritmos,
y los enrosca
como laberintos.
Como tallos de parra
encendidos.

¡Sevilla para herir!

Bajo el arco del cielo,
sobre su llano limpio,
dispara la constante
saeta de su río.

¡Córdoba para morir!

Y loca de horizonte
mezcla en su vino,
lo amargo de Don Juan
y lo perfecto de Dionisio.

Sevilla para herir.
¡Siempre Sevilla para herir!

PROCESIÓN

Por la calleja vienen
extraños unicornios.
¿De qué campo,
de qué bosque mitológico?
Más cerca,
ya parecen astrónomos.
Fantásticos Merlines
y el Ecce Homo,
Durandarte encantado.
Orlando furioso.

PASO

Virgen con miriñaque,
virgen de la Soledad,
abierta como un inmenso
tulipán.
En tu barco de luces
vas
por la alta marea
de la ciudad,
entre saetas turbias
y estrellas de cristal.
Virgen con miriñaque
tú vas
por el río de la calle,
¡hasta el mar!

SAETA

Cristo moreno
pasa
de lirio de Judea
a clavel de España.

¡Miradlo por dónde viene!

De España.
Cielo limpio y oscuro,
tierra tostada,
y cauces donde corre
muy lenta el agua.
Cristo moreno,
con las guedejas quemadas,
los pómulos salientes
y las pupilas blancas.

¡Miradlo por dónde va!

BALCÓN

La Lola
canta saetas.
Los toreritos
la rodean,
y el barberillo
desde su puerta,
sigue los ritmos
con la cabeza.
Entre la albahaca
y la hierbabuena,
la Lola canta
saetas.
La Lola aquella,
que se miraba
tanto en la alberca.

MADRUGADA

Pero como el amor
los saeteros
están ciegos.

Sobre la noche verde,
las saetas,
dejan rastros de lirio
caliente.

La quilla de la luna
rompe nubes moradas
y las aljabas
se llenan de rocío.

¡Ay, pero como el amor
los saeteros
están ciegos!

GRÁFICO DE LA PETENERA

A Eugenio Montes.

CAMPANA

BORDÓN

En la torre
amarilla,
dobla una campana.

Sobre el viento
amarillo,
se abren las campanadas.

En la torre
amarilla,
cesa la campana.

El viento con el polvo,
hace proras de plata.

CAMINO

Cien jinetes enlutados,
¿dónde irán,
por el cielo yacente
del naranjal?
Ni a Córdoba ni a Sevilla
llegarán.
Ni a Granada la que suspira
por el mar.
Esos caballos soñolientos
los llevarán,
al laberinto de las cruces
donde tiembla el cantar.
Con siete ayes clavados,
¿dónde irán,
los cien jinetes andaluces
del naranjal?

LAS SEIS CUERDAS

La guitarra,
hace llorar a los sueños.
El sollozo de las almas
perdidas,
se escapa por su boca
redonda.
Y como la tarántula
teje una gran estrella
para cazar suspiros,
que flotan en su negro
aljibe de madera.

DANZA

EN EL HUERTO DE LA PETENERA

En la noche del huerto,
seis gitanas,
vestidas de blanco
bailan.

En la noche del huerto,
coronadas,
con rosas de papel
y biznagas.

En la noche del huerto,
sus dientes de nácar,
escriben la sombra
quemada.

Y en la noche del huerto,
sus sombras se alargan,
y llegan hasta el cielo
moradas.

MUERTE DE LA PETENERA

En la casa blanca muere
la perdición de los hombres.

Cien jacas caracolean.
Sus jinetes están muertos.

Bajo las estremecidas
estrellas de los velones,
su falda de moaré tiembla
entre sus muslos de cobre.

Cien jacas caracolean.
Sus jinetes están muertos.

Largas sombras afiladas
vienen del turbio horizonte,
y el bordón de una guitarra
se rompe.

Cien jacas caracolean.
Sus jinetes están muertos.

FALSETA

¡Ay, petenera gitana!
¡Yayay petenera!
Tu entierro no tuvo niñas
buenas.
Niñas que le dan a Cristo muerto
sus guedejas,
y llevan blancas mantillas
en las ferias.
Tu entierro fue de gente
siniestra.
Gente con el corazón
en la cabeza,
que te siguió llorando
por las callejas.
¡Ay, petenera gitana!
¡Yayay petenera!

«DE PROFUNDIS»

Los cien enamorados
duermen para siempre
bajo la tierra seca.
Andalucía tiene
largos caminos rojos.
Córdoba, olivos verdes
donde poner cien cruces,
que los recuerden.
Los cien enamorados
duermen para siempre.

CLAMOR

En las torres
amarillas,
doblan las campanas.

Sobre los vientos
amarillos,
se abren las campanadas.

Por un camino va
la muerte, coronada,
de azahares marchitos.
Canta y canta
una canción
en su vihuela blanca,
y canta y canta y canta.

En las torres amarillas,
cesan las campanas.

El viento con el polvo,
hace proras de plata.

DOS MUCHACHAS

A Máximo Quijano.

LA LOLA

Bajo el naranjo lava
pañales de algodón.
Tiene verdes los ojos
y violeta la voz.

¡Ay, amor,
bajo el naranjo en flor!

El agua de la acequia
iba llena de sol,
en el olivarito
cantaba un gorrión.

¡Ay, amor,
bajo el naranjo en flor!

Luego cuando la Lola
gaste todo el jabón,
vendrán los torerillos.
¡Ay, amor,
bajo el naranjo en flor!

AMPARO

Amparo,
¡qué sola estás en tu casa
vestida de blanco!

(Ecuador entre el jazmín
y el nardo.)

Oyes los maravillosos
surtidores de tu patio,
y el débil trino amarillo
del canario.

Por la tarde ves temblar
los cipreses con los pájaros,
mientras bordas lentamente
letras sobre el cañamazo.

Amparo,
¡qué sola estás en tu casa
vestida de blanco!

Amparo,
¡y qué difícil decirte:
yo te amo!

VIÑETAS FLAMENCAS

*A Manuel Torres, «Niño de Jerez»,
que tiene tronco de Faraón.*

RETRATO DE SILVERIO
FRANCONETTI

Entre italiano
y flamenco,
¿cómo cantaría
aquel Silverio?
La densa miel de Italia
con el limón nuestro,
iba en el hondo llanto
del siguiriyero.
Su grito fue terrible.
Los viejos
dicen que se erizaban
los cabellos,
y se abría el azogue
de los espejos.
Pasaba por los tonos
sin romperlos.
Y fue un creador
y un jardinero.
Un creador de glorietas
para el silencio.

Ahora su melodía
duerme con los ecos.
Definitiva y pura.
¡Con los últimos ecos!

JUAN BREVA

Juan Breva tenía
cuerpo de gigante
y voz de niña.
Nada como su trino.
Era la misma
pena cantando
detrás de una sonrisa.
Evoca los limonares
de Málaga la dormida,
y hay en su llanto dejos
de sal marina.
Como Homero cantó
ciego. Su voz tenía,
algo de mar sin luz
y naranja exprimida.

CAFÉ CANTANTE

Lámparas de cristal
y espejos verdes.

Sobre el tablado oscuro,
la Parrala sostiene
una conversación
con la muerte.
La llama
no viene,
y la vuelve a llamar.
Las gentes
aspiran los sollozos.
Y en los espejos verdes,
largas colas de seda
se mueven.

LAMENTACIÓN DE LA MUERTE

A Miguel Benítez.

Sobre el cielo negro,
culebrinas amarillas.

Vine a este mundo con ojos
y me voy sin ellos.
¡Señor del mayor dolor!
Y luego,
un velón y una manta
en el suelo.

Quise llegar adonde
llegaron los buenos.
¡Y he llegado, Dios mío!...
Pero luego,
un velón y una manta
en el suelo.

Limoncito amarillo
limonero.

Echad los limoncitos
al viento.
¡Ya lo sabéis!... Porque luego
luego,
un velón y una manta
en el suelo.

Sobre el cielo negro,
culebrinas amarillas.

CONJURO

La mano crispada
como una Medusa
ciega el ojo doliente
del candil.

As de bastos.
Tijeras en cruz.

Sobre el humo blanco
del incienso, tiene
algo de topo y
mariposa indecisa.

As de bastos.
Tijeras en cruz.

Aprieta un corazón
invisible, ¿la veis?

Un corazón
reflejado en el viento.

As de bastos.
Tijeras en cruz.

MEMENTO

Cuando yo me muera
enterradme con mi guitarra
bajo la arena.

Cuando yo me muera
entre los naranjos
y la hierbabuena.

Cuando yo me muera,
enterradme si queréis
en una veleta.

¡Cuando yo me muera!

TRES CIUDADES

A Pilar Zubiaurre.

MALAGUEÑA

La muerte
entra y sale
de la taberna.

Pasan caballos negros
y gente siniestra
por los hondos caminos
de la guitarra.

Y hay un olor a sal
y a sangre de hembra,
en los nardos febriles
de la marina.

La muerte
entra y sale,
y sale y entra
la muerte
de la taberna.

BARRIO DE CÓRDOBA

TÓPICO NOCTURNO

En la casa se defienden
de las estrellas.
La noche se derrumba.
Dentro hay una niña muerta
con una rosa encarnada
oculta en la cabellera.
Seis ruiseñores la lloran
en la reja.

Las gentes van suspirando
con las guitarras abiertas.

BAILE

La Carmen está bailando
por las calles de Sevilla.
Tiene blancos los cabellos
y brillantes las pupilas.

¡Niñas,
corred las cortinas!

En su cabeza se enrosca
una serpiente amarilla,
y va soñando en el baile
con galanes de otros días.

¡Niñas,
corred las cortinas!

Las calles están desiertas
y en los fondos se adivinan,
corazones andaluces
buscando viejas espinas.

¡Niñas,
corred las cortinas!

SEIS CAPRICHOS

A Regino Sáinz de la Maza.

ADIVINANZA DE LA GUITARRA

En la redonda
encrucijada,
seis doncellas
bailan.
Tres de carne
y tres de plata.
Los sueños de ayer las buscan
pero las tiene abrazadas,
un Polifemo de oro.
¡La guitarra!

CANDIL

¡Oh, qué grave medita
la llama del candil!

Como un faquir indio
mira su entraña de oro
y se eclipsa soñando
atmósferas sin viento.

Cigüeña incandescente
pica desde su nido
a las sombras macizas,
y se asoma temblando
a los ojos redondos
del gitanillo muerto.

CRÓTALO

Crótalo.
Crótalo.
Crótalo.
Escarabajo sonoro.

En la araña
de la mano
rizas el aire
cálido,
y te ahogas en tu trino
de palo.

Crótalo.
Crótalo.
Crótalo.
Escarabajo sonoro.

CHUMBERA

Laoconte salvaje.

¡Qué bien estás
bajo la media luna!

Múltiple pelotari.

¡Qué bien estás
amenazando al viento!

Dafne y Atis,
saben de tu dolor.
Inexplicable.

PITA

Pulpo petrificado.

Pones cinchas cenicientas
al vientre de los montes,
y muelas formidables
a los desfiladeros.

Pulpo petrificado.

CRUZ

La cruz.
(Punto final
del camino.)

Se mira en la acequia.
(Puntos suspensivos.)

ESCENA DEL TENIENTE CORONEL
DE LA GUARDIA CIVIL

CUARTO DE BANDERAS

TENIENTE CORONEL

Yo soy el teniente coronel de la Guardia civil.

SARGENTO

Sí.

TENIENTE CORONEL

Y no hay quien me desmienta.

SARGENTO

No.

TENIENTE CORONEL

Tengo tres estrellas y veinte cruces.

SARGENTO

Sí.

TENIENTE CORONEL

Me ha saludo el cardenal arzobispo con sus veinticua-
tro borlas moradas.

SARGENTO

Sí.

TENIENTE CORONEL

Yo soy el teniente. Yo soy el teniente. Yo soy el tenien-
te coronel de la Guardia civil.

*(Romeo y Julieta, celeste, blanco y oro, se abrazan sobre
el jardín de tabaco de la caja de puros. El militar acaricia
el cañón de un fusil lleno de sombra submarina. Una voz
fuera)*

Luna, luna, luna, luna,
del tiempo de la aceituna.
Cazorla enseña su torre
y Benamejí la oculta.

Luna, luna, luna, luna.
Un gallo canta en la luna.
Señor alcalde, sus niñas
están mirando a la luna.

TENIENTE CORONEL

¿Qué pasa?

SARGENTO

¡Un gitano!

(La mirada de mulo joven del gitanillo ensombrece y agiganta los ojirris del TENIENTE CORONEL *de la Guardia civil)*

TENIENTE CORONEL

Yo soy el teniente coronel de la Guardia civil.

SARGENTO

Sí.

TENIENTE CORONEL

¿Tú quién eres?

GITANO

Un gitano.

TENIENTE CORONEL

¿Y qué es un gitano?

GITANO

Cualquier cosa.

TENIENTE CORONEL

¿Cómo te llamas?

GITANO

Eso.

TENIENTE CORONEL

¿Qué dices?

GITANO

Gitano.

SARGENTO

Me lo encontré y lo he traído.

TENIENTE CORONEL

¿Dónde estabas?

GITANO

En la puente de los ríos.

TENIENTE CORONEL

Pero ¿de qué ríos?

GITANO

De todos los ríos.

TENIENTE CORONEL

¿Y qué hacías allí?

GITANO

Una torre de canela.

TENIENTE CORONEL

¡Sargento!

SARGENTO

A la orden, mi teniente coronel de la Guardia civil.

GITANO

He inventado unas alas para volar, y vuelo. Azufre y rosa en mis labios.

TENIENTE CORONEL

¡Ay!

GITANO

Aunque no necesito alas, porque vuelo sin ellas. Nubes y anillos en mi sangre.

TENIENTE CORONEL

¡Ayy!

GITANO

En Enero tengo azahar.

TENIENTE CORONEL

(Retorciéndose.) ¡Ayyyyy!

GITANO

Y naranjas en la nieve.

TENIENTE CORONEL

¡Ayyyyy, pun, pin, pam! *(Cae muerto.)*

(El alma de tabaco y café con leche del teniente coronel de la Guardia civil sale por la ventana)

SARGENTO

¡Socorro!

* * *

*(En el patio del cuartel, cuatro guardias civiles apalean
al gitanillo)*

CANCIÓN DEL GITANO APALEADO

Veinticuatro bofetadas.
Veinticinco bofetadas;
después, mi madre, a la noche,
me pondrá en papel de plata.

Guardia civil caminera,
dadme unos sorbitos de agua.
Agua con peces y barcos.
Agua, agua, agua, agua.

¡Ay, mandor de los civiles
que estás arriba en tu sala!
¡No habrá pañuelos de seda
para limpiarme la cara!

5 de julio 1925

DIÁLOGO DEL AMARGO

CAMPO

UNA VOZ

Amargo.
Las adelfas de mi patio.
Corazón de almendra amarga.
Amargo.

(Llegan tres jóvenes con anchos sombreros)

JOVEN 1.º

Vamos a llegar tarde.

JOVEN 2.º

La noche se nos echa encima.

JOVEN 1.º

¿Y ése?

JOVEN 2.º

Viene detrás.

JOVEN 1.º

(En alta voz.) ¡Amargo!

AMARGO

(Lejos.) Ya voy.

JOVEN 2.º

(A voces.) ¡Amargo!

AMARGO

(Con calma.) ¡Ya voy!

(Pausa)

JOVEN 1.º

¡Qué hermosos olivares!

JOVEN 2.º

Sí.

(Largo silencio)

JOVEN 1.º

No me gusta andar de noche.

JOVEN 2.º

Ni a mí tampoco.

JOVEN 1.º

La noche se hizo para dormir.

JOVEN 2.º

Es verdad.

*(Ranas y grillos hacen la glorieta del estílo andaluz.
El* AMARGO *camina con las manos en la cintura)*

AMARGO

Ay yayayay.
Yo le pregunté a la muerte.
Ay yayayay.

*(El grito de su canto pone un acento circunflejo
sobre el corazón de los que lo han oído)*

JOVEN 1.º

(Desde muy lejos.) ¡Amargo!

JOVEN 2.º

(Casi perdido.) ¡Amargooo!

(Silencio.)

(El AMARGO *está solo en medio de la carretera. Entorna sus grandes ojos verdes y se ciñe la chaqueta de pana alrededor del talle. Altas montañas le rodean. Su gran reloj de plata le suena oscuramente en el bolsillo a cada paso)*

(Un JINETE *viene galopando por la carretera.)*

JINETE

(Parando el caballo.) ¡Buenas noches!

AMARGO

A la paz de Dios.

JINETE

¿Va usted a Granada?

AMARGO

A Granada voy.

JINETE

Pues vamos juntos.

AMARGO

Eso parece.

JINETE

¿Por qué no monta en la grupa?

AMARGO

Porque no me duelen los pies.

JINETE

Yo vengo de Málaga.

AMARGO

Bueno.

JINETE

Allí están mis hermanos.

AMARGO

(Displicente.) ¿Cuántos?

JINETE

Son tres. Venden cuchillos. Ese es el negocio.

AMARGO

De salud les sirva.

JINETE

De plata y de oro.

AMARGO

Un cuchillo no tiene que ser más que cuchillo.

JINETE

Se equivoca.

AMARGO

Gracias.

JINETE

Los cuchillos de oro se van solos al corazón. Los de plata cortan el cuello como una brizna de hierba.

AMARGO

¿No sirven para partir el pan?

JINETE

Los hombres parten el pan con las manos.

AMARGO

¡Es verdad!

(El caballo se inquieta)

JINETE

¡Caballo!

AMARGO

Es la noche.

(El camino ondulante salomoniza la sombra del animal)

JINETE

¿Quieres un cuchillo?

AMARGO

No.

JINETE

Mira que te lo regalo.

AMARGO

Pero yo no lo acepto.

JINETE

No tendrás otras ocasión.

AMARGO

¿Quién sabe?

JINETE

Los otros cuchillos no sirven. Los otros cuchillos son blandos y se asustan de la sangre. Los que nosotros vendemos son fríos. ¿Entiendes? Entran buscando el sitio de más calor y allí se paran.

(El AMARGO *calla. Su mano derecha se le enfría como si agarrase un pedazo de oro)*

JINETE

¡Qué hermoso cuchillo!

AMARGO

¿Vale mucho?

JINETE

Pero ¿no quieres éste?

(Saca un cuchillo de oro. La punta brilla como una llama de candil)

AMARGO

He dicho que no.

JINETE

¡Muchacho, súbete conmigo!

AMARGO

Todavía no estoy cansado.

(El caballo se vuelve a espantar)

JINETE

(Tirando de las bridas.) Pero ¡qué caballo este!

AMARGO

Es lo oscuro.

(Pausa)

JINETE

Como te iba diciendo, en Málaga están mis tres herma-
nos. ¡Qué manera de vender cuchillos!
En la catedral compraron dos mil para adornar todos
los altares y poner una corona a la torre. Muchos barcos

escribieron en ellos sus nombres, los pescadores más humildes de la orilla del mar se alumbran de noche con el brillo que despiden sus hojas afiladas.

AMARGO

¡Es una hermosura!

JINETE

¿Quién lo puede negar?

(La noche se espesa como un vino de cien años. La serpiente gorda del Sur abre sus ojos en la madrugada, y hay en los durmientes un deseo infinito de arrojarse por el balcón a la magia perversa del perfume y la lejanía)

AMARGO

Me parece que hemos perdido el camino.

JINETE

(Parando el caballo.) ¿Sí?

AMARGO

Con la conversación.

JINETE

¿No son aquellas las luces de Granada?

AMARGO

No sé.

JINETE

El mundo es muy grande.

AMARGO

Como que está deshabitado.

JINETE

Tú lo estás diciendo.

AMARGO

¡Me da una desesperanza! ¡Ay yayayay!

JINETE

Porque llegas allí. ¿Qué haces?

AMARGO

¿Qué hago?

JINETE

Y si te estás en tu sitio, ¿para qué quieres estar?

AMARGO

¿Para qué?

JINETE

Yo monto este caballo y vendo cuchillos, pero si no lo hiciera, ¿que pasaría?

AMARGO

¿Que pasaría?

(Pausa.)

JINETE

Estamos llegando a Granada.

AMARGO

¿Es posible?

JINETE

Mira como relumbran los miradores.

AMARGO

Sí, ciertamente.

JINETE

Ahora no te negarás a montar conmigo.

AMARGO

Espera un poco.

JINETE

¡Vamos, sube! Sube de prisa. Es necesario llegar antes de que amanezca... Y toma este cuchillo. ¡Te lo regalo!

AMARGO

¡Ay yayayay!

(El JINETE *ayuda al* AMARGO. *Los dos emprenden el camino de Granada. La sierra del fondo se cubre de cicutas y de ortigas)*

CANCIÓN DE LA MADRE DEL AMARGO

Lo llevan puesto en mi sábana
mis adelfas y mi palma.

Día veintisiete de agosto
con un cuchillito de oro.

La cruz. ¡Y vamos andando!
Era moreno y amargo.

Vecinas, dadme una jarra
de azofar con limonada.

La cruz. No llorad ninguna.
El Amargo está en la luna.

9 julio, 1925.

APÉNDICE

Esta conferencia, dictada en el Centro Artístico y Literario de Granada el 19 de febrero de 1922, tiene una estrechísima relación con los intereses estéticos de García Lorca al elaborar su *Poema del cante jondo*. Es un apéndice imprescindible de este libro. Utilizamos aquí el texto de *Obras Completas,* III, Aguilar, Madrid, 1986, páginas 195-216, edición de Arturo del Hoyo.

García Lorca volvió en 1931 sobre el tema con una nueva versión de esta conferencia, «Arquitectura del cante jondo». El lector puede encontrar un estudio comparado de los dos textos en la minuciosa edición de Christopher Maurer: Federico García Lorca, *Conferencias,* I, Alianza Editorial, Madrid, 1984, págs. 43-83.

EL CANTE JONDO

I

Esta noche os habéis congregado en el salón del Centro Artístico para oír mi humilde pero sincera palabra, y yo quisiera que esta fuese luminosa y profunda para que llegara a convenceros de la maravillosa verdad artística que encierra el primitivo canto andaluz, llamado *cante jondo*.

El grupo de intelectuales y amigos entusiastas que patrocina la idea del Concurso, no hace más que dar una voz de alerta. ¡Señores, el alma música del pueblo está en gravísimo peligro! ¡El tesoro artístico de toda una raza va camino del olvido! Puede decirse que cada día que pasa cae una hoja del admirable árbol lírico andaluz, los viejos se llevan al sepulcro tesoros inapreciables de las pasadas generaciones, y la avalancha grosera y estúpida de los *couplés* enturbia el delicioso ambiente popular de toda España.

Es una obra patriótica y digna la que se pretende realizar; es una obra de salvamento, una obra de cordialidad y amor.

Todos habéis oído hablar del *cante jondo* y, seguramente, tenéis una idea más o menos exacta de él...; pero es casi seguro que a todos los no iniciados en su trascendencia histórica y artística os evoca cosas inmorales, la taberna, la juerga, el tablado del café, el ridículo jipío, ¡la españolada, en suma!, y hay que evitar por Andalucía, por nuestro espíritu milenario y por nuestro particularísimo corazón que esto suceda.

No es posible que las canciones más emocionantes y profundas de nuestra misteriosa alma estén tachadas de tabernarias y sucias; no es posible que el hilo que nos une con el Oriente impenetrable quieran amarrarlo en el mástil de la guitarra juerguista; no es posible que la parte más diamantina de nuestro canto quieran mancharla con el vino sombrío del chulo profesional.

Ha llegado, pues, la hora en que las voces de músicos, poetas y artistas españoles se unan, por instinto de conservación, para definir y exaltar las claras bellezas y sugestiones de estos cantos.

Unir, pues, a la idea patriótica y artística de este concurso la visión lamentable del cantaor con el palito y las coplas caricaturescas del cementerio, indica una total incomprensión y un total desconocimiento de lo que se proyecta. Al leer el anuncio de la fiesta, todo hombre sensato, no enterado de la cuestión, preguntará: ¿Qué es el *cante jondo?*

Antes de pasar adelante hay que hacer una distinción especial entre *cante jondo* y cante flamenco, distinción esencial en lo que se refiere a la antigüedad, a la estructura, al espíritu de las canciones.

Se da el nombre de *cante jondo* a un grupo de canciones andaluzas cuyo tipo genuino y perfecto es la siguiriya gitana, de las que derivan otras canciones aún conservadas por el pueblo, como los polos, martinetes, carceleras y soleares. Las coplas llamadas malagueñas, granadinas, rondeñas, peteneras, etc., no pueden considerarse más que como consecuencia de las antes citadas, y tanto por su arquitectura como por su ritmo difieren de las otras. Éstas son las llamadas flamencas.

El gran maestro Manuel de Falla, auténtica gloria de España y alma de este Concurso, cree que la caña y la playera, hoy desaparecidas casi por completo, tienen en su primitivo estilo la misma composición que la siguiriya y sus gemelas, y cree que dichas canciones fueron, en tiempo no muy lejano, simples variantes de la citada canción. Textos relativamente recientes le hacen suponer que la caña y la playera ocuparon en el primer tercio del siglo pasado el lugar que hoy asignamos a la siguiriya gitana. Estébanez Calderón, en sus lindísimas *Escenas andaluzas,* hace notar que la caña es el tronco primitivo de los cantares que conservan su filiación árabe y morisca, y observa, con su agudeza peculiar, cómo la palabra caña se diferencia poco de *gamnis,* que en árabe significa canto.

Las diferencias esenciales del *cante jondo* con el flamenco consisten en que el origen del primero hay que buscarlo en los primitivos sistemas musicales de la India, es decir, en las primeras manifestaciones del canto, mientras que el segundo, consecuencia del primero, puede decirse que toma su forma definitiva en el siglo XVIII.

El primero es un canto teñido por el color misterioso de las primeras edades; el segundo es un canto relativamente moderno, cuyo interés emocional desaparece ante aquél. Color espiritual y color local, he aquí la honda diferencia.

Es decir, el *cante jondo*, acercándose a los primitivos sistemas musicales de la India, es tan solo un balbuceo, es una emisión más alta o más baja de la voz, es una maravillosa ondulación bucal, que rompe las celdas sonoras

de nuestra escala atemperada, que no cabe en el penta-
grama rígido y frío de nuestra música actual, y abre en
mil pétalos las flores herméticas de los semitonos.

El cante flamenco no procede por ondulación, sino por
saltos; como en nuestra música tiene un ritmo seguro y
nació cuando ya hacía siglos que Guido d'Arezzo había
dado nombre a las notas.

El *cante jondo* se acerca al trino del pájaro, al canto
del gallo y a las músicas naturales del bosque y la fuente.

Es, pues, un rarísimo ejemplar de canto primitivo, el
más viejo de toda Europa, que lleva en sus notas la des-
nuda y escalofriante emoción de las primeras razas orien-
tales.

El maestro Falla, que ha estudiado profundamente la
cuestión y del cual yo me documento, afirma que la sigui-
riya gitana es la canción tipo del grupo *cante jondo* y de-
clara con rotundidad que es el único canto que en nuestro
continente ha conservado en toda su pureza, tanto por su
composición como por su estilo, las cualidades que lleva
en sí el cante primitivo de los pueblos orientales.

Antes de conocer la afirmación del maestro, la siguiri-
ya gitana me había evocado a mí (lírico incurable) un ca-
mino sin fin, un camino sin encrucijadas, que terminaba
en la fuente palpitante de la poesía «niña», el camino
donde murió el primer pájaro y se llenó de herrumbre la
primera flecha.

La siguiriya gitana comienza por un grito terrible, un
grito que divide el paisaje en dos hemisferios ideales. Es
el grito de las generaciones muertas, la aguda elegía de
los siglos desaparecidos, es la patética evocación del amor
bajo otras lunas y otros vientos.

Después, la frase melódica va abriendo el misterio de
los tonos y sacando la piedra preciosa del sollozo, lágri-
ma sonora sobre el río de la voz. Pero ningún andaluz

puede resistir la emoción del escalofrío al escuchar ese grito, ni ningún canto regional puede comparársele en grandeza poética, y pocas veces, contadísimas veces, llega el espíritu humano a conseguir plasmar obras de tal naturaleza.

Pero nadie piense por esto que la siguiriya y sus variantes sean simplemente unos cantos trasplantados de Oriente a Occidente. No. «Se trata, cuando más (dice Manuel de Falla), de un injerto o, mejor dicho, de una coincidencia de orígenes que, ciertamente, no se ha revelado en un solo y determinado momento, sino que obedece a la acumulación de hechos históricos y seculares desarrollados en nuestra Península», y esta es la razón por la cual el canto peculiar de Andalucía, aunque por sus elementos esenciales coincide con el de pueblo tan apartado geográficamente del nuestro, acusa un carácter íntimo tan propio, tan nacional, que lo hace inconfundible.

II

Los hechos históricos a que se refiere Falla, de enorme desproporción y que tanto han influido en los cantos, son tres: La adopción por la Iglesia española del canto litúrgico, la invasión sarracena y la llegada a España de numerosas bandas de gitanos. Son estas gentes, misteriosas y errantes, quien da la forma definitiva al cante jondo.

Demuéstralo el calificativo de «gitana» que conserva la siguiriya y el extraordinario empleo de sus vocablos en los textos de las canciones.

Esto no quiere decir, naturalmente, que este canto sea puramente de ellos, pues, existiendo gitanos en toda Europa y aun en otras regiones de nuestra Península, estos cantos no son cultivados más que por los nuestros.

Se trata de un canto puramente andaluz, que ya existía en germen en esta región, antes que los gitanos llegaran a ella.

Las coincidencias que el gran maestro nota entre los elementos esenciales del cante jondo, y los que aún acusan algunos cantos de la India, son:

«El enharmonismo, como medio modulante; el empleo de un ámbito melódico tan recluido, que rara vez traspasa los límites de una sexta, y el uso reiterado y hasta obsesionante de una misma nota, procedimiento propio de ciertas fórmulas de encantamiento, y hasta de aquellos recitados que pudiéramos llamar prehistóricos, ha hecho suponer a muchos que el canto es anterior al lenguaje.»

Por este modo llega el cante jondo, pero especialmente la siguiriya, a producirnos la impresión de una prosa cantada, destruyendo toda la sensación de ritmo métrico, aunque en realidad son tercetos o cuartetos asonantados sus textos literarios.

«Aunque la melodía gitana es rica en giros ornamentales, en ésta —lo mismo que en los cantos de la India— sólo se emplean en determinados momentos, como expresiones o arrebatos sugeridos por la fuerza emotiva del texto, y hay que considerarlos, según Manuel de Falla, como amplias inflexiones vocales, más que como giros de ornamentación, aunque tomen este último aspecto al ser traducido por los intervalos geométricos de la escala atemperada.»

Se puede afirmar definitivamente que en el cante jondo, lo mismo que en los cantos del corazón de Asia, la gama musical es consecuencia directa de la que podríamos llamar gama oral.

Son muchos los autores que llegan a suponer que la palabra y el canto fueron una misma cosa, y Luis Lucas, en su obra *Acoustique nouvelle,* publicada en París en el

año 1840, dice al tratar de las excelencias del género en-
harmónico «que es el primero que aparece en el orden na-
tural, por imitación del canto de las aves, del grito de los
animales y de los infinitos ruidos de la materia».

Hugo Riemann, en su *Estética musical,* afirma que el
canto de los pájaros se acerca a la verdadera música y no
cabe hacer distinción entre éste y el canto del hombre por
cuanto que ambos son expresión de una sensibilidad.

El gran maestro Felipe Pedrell, uno de los primeros es-
pañoles que se ocuparon científicamente de las cuestio-
nes folclóricas, escribe en su magnífico *Cancionero po-
pular español:* «El hecho de persistir en España en varios
cantos populares el orientalismo musical tiene hondas raí-
ces en nuestra nación por influencia de la civilización bi-
zantina, antiquísima, que se tradujo en las fórmulas pro-
pias de los ritos usados en la Iglesia de España desde la
conversión de nuestro país al cristianismo hasta el siglo
onceno, época en que fue introducida la liturgia romana,
propiamente dicha.» Falla completa lo dicho por su viejo
maestro, determinando los elementos del canto litúrgico
bizantino que se revelan en la siguiriya, que son:

Los modos tonales de los sistemas primitivos (que no
hay que confundir con los llamados griegos), el *enharmo-
nismo* inherente a esos modos, y la falta de ritmo métrico
de la línea melódica.

«Estas mismas propiedades tienen a veces algunas can-
ciones andaluzas muy posteriores a la adopción de la mú-
sica litúrgica bizantina por la Iglesia española, canciones
que guardan gran afinidad con la música que se conoce
todavía en Marruecos, Argel y Túnez con el nombre emo-
cionante, para todo granadino de corazón, de «música de
los moros de Granada».

Volviendo al análisis de la siguiriya, Manuel de Falla,
con su sólida ciencia musical y su exquisita intuición, ha

encontrado en esta canción «determinadas formas y caracteres independientes de sus analogías con los cantos sagrados y la música de los moros de Granada». Es decir, ha buscado en la extraña melodía y visto el extraordinario y aglutinante elemento gitano. Acepta la visión histórica que atribuye a los gitanos un origen índico; esta versión se ajusta maravillosamente al resultado de sus interesantísimas investigaciones.

Según la versión, en el año 1400 de nuestra Era, las tribus gitanas, perseguidas por los cien mil jinetes del Gran Tamerlán, huyeron de la India.

Veinte años más tarde, estas tribus aparecen en diferentes pueblos de Europa y entran en España con los ejércitos sarracenos, que desde la Arabia y el Egipto desembarcaban periódicamente en nuestras costas.

Y estas gentes, llegando a nuestra Andalucía, unieron los viejísimos elementos nativos con el viejísimo que ellos traían y dieron las definitivas formas a lo que hoy llamamos «cante jondo».

A ellos debemos, pues, la creación de estos cantos, alma de nuestra alma; a ellos debemos la construcción de estos cauces líricos por donde se escapan todos los dolores y los gestos rituarios de la raza.

Y son estos cantos, señores, los que desde el último tercio del siglo pasado y lo que llevamos de este se ha pretendido encerrar en las tabernas mal olientes, o en las mancebías. La época incrédula y terrible de la zarzuela española, la época de Grilo y los cuadros de historia, ha tenido la culpa. Mientras que Rusia ardía en el amor a lo popular, única fuente, como dice Roberto Schumann, de todo arte verdadero y característico, y en Francia temblaba la ola dorada del impresionismo, en España, país casi único de tradiciones y bellezas populares, era cosa ya de baja estofa la guitarra y el cante jondo.

A medida que avanza el tiempo, este concepto se ha agravado tanto que se hace preciso dar el grito defensivo para cantos tan puros y verdaderos.

La juventud espiritual de España así lo comprende.

El cante jondo se ha venido cultivando desde tiempo inmemorial, y a todos los viajeros ilustres que se han aventurado a recorrer nuestros variados y extraños paisajes les han emocionado esas profundas salmodias que, desde los picos de Sierra Nevada hasta los olivares sedientos de Córdoba y desde la Sierra de Cazorla hasta la alegrísima desembocadura del Guadalquivir, cruzan y definen nuestra única y complicadísima Andalucía.

Desde que Jovellanos hizo llamar la atención sobre la bella e incoherente danza prima asturiana hasta el formidable Menéndez Pelayo, hay un gran paso en la comprensión de las cosas populares. Artistas aislados, poetas menores fueron estudiando estas cuestiones desde diferentes puntos de vista, hasta que han conseguido que en España se inicie la utilísima y patriótica recolección de cantos y poemas. Prueba de esto son el *Cancionero de Burgos,* hecho por Federico Olmeda; el *Cancionero de Salamanca,* hecho por Dámaso Ledesma, y el *Cancionero de Asturias,* hecho por Eduardo Martínez Torner, costeados espléndidamente por las respectivas Diputaciones.

Pero cuando advertimos la extraordinaria importancia del cante jondo es cuando vemos la influencia casi decisiva que tuvo en la formación de la moderna escuela rusa y la alta estima en que lo tuvo el genial compositor francés Claudio Debussy, ese argonauta lírico, descubridor del nuevo mundo musical.

En 1847, Miguel Iwanowitch Glinka viene a Granada. Estuvo en Berlín estudiando composición con Sigfrido Dehn y había observado el patriotismo musical de Weber, oponiéndose a la influencia nefasta que ejercían en su país los compositores italianos. Seguramente él estaba impresionado por los cantos de la inmensa Rusia y soñaba con una música natural, una música nacional, que diera la sensación grandiosa de su país.

La estancia del padre y fundador de la escuela orientalista eslava en nuestra ciudad es en extremo curiosa.

Hizo amistad con un célebre guitarrista de entonces, llamado Francisco Rodríguez Murciano, y pasó con él horas enteras oyéndole las variaciones y falsetas de nuestros cantos y sobre el eterno ritmo del agua en nuestra ciudad nació en él la idea magnífica de la creación de su escuela y el atrevimiento de usar por vez primera la escala de tonos enteros.

Al regresar a su pueblo, dio la buena nueva y explicó a sus amigos las particularidades de nuestros cantos, que él estudió y usó en sus composiciones.

La música cambia de rumbo; el compositor ya ha encontrado la verdadera fuente.

Sus discípulos y amigos se orientan hacia lo popular, y buscan no sólo en Rusia, sino en el sur de España, las estructuras para sus creaciones.

Prueba de esto son los *Souvenirs d'une nuit d'été à Madrid,* de Glinka, y algunos trozos de la *Scherezada* y el *Capricho español,* de Nicolás Rimsky Korsakow, que todos conocéis.

Vean ustedes cómo las modulaciones tristes y el grave orientalismo de nuestro cante influye desde Granada en Moscú, cómo la melancolía de la Vela es recogida por las campanas misteriosas del Kremlin.

En la exposición universal que se celebró en París el año novecientos, hubo en el pabellón de España un grupo de gitanos que cantaban el cante jondo en toda su pureza. Aquello llamó extraordinariamente la atención a toda la ciudad, pero especialmente a un joven músico que entonces estaba en esa lucha terrible que tenemos que sostener todos los artistas jóvenes, la lucha por lo nuevo, la lucha por lo imprevisto, el buceo en el mar del pensamiento por encontrar la emoción intacta.

Aquel joven iba un día y otro a oír los «cantaores» andaluces, y él, que tenía el alma abierta a los cuatro vientos del espíritu, se impregnó del viejo Oriente de nuestras melodías. Era Claudio Debussy.

Andando el tiempo había de ser la más alta cumbre musical de Europa y el definidor de las nuevas teorías.

Efectivamente, en muchas obras de este músico surgen sutilísimas evocaciones de España y sobre todo de Granada, a quien consideraba, como lo es en realidad, un verdadero paraíso.

Claudio Debussy, músico de la fragancia y de la irisación, llega a su mayor grado de fuerza creadora en el poema *Iberia,* verdadera obra genial donde flotan como en un sueño perfumes y rasgos de Andalucía.

Pero donde revela con mayor exactitud la marcadísima influencia del cante jondo es en el maravilloso preludio titulado *La Puerta del Vino* y en la vaga y tierna *Soirée en Grenade,* donde están acusados, a mi juicio, todos los temas emocionales de la noche granadina, la lejania azul de la vega, la Sierra saludando al tembloroso Mediterráneo, las enormes púas de la niebla clavadas en las lontananzas, el rubato admirable de la ciudad y los alucinantes juegos del agua subterránea.

Y lo más admirable de todo esto es que Debussy, aunque había estudiado seriamente nuestro cante, no conocía a Granada.

Se trata, pues, de un caso estupendo de adivinación artística, un caso de intuición genial, que hago resaltar en elogio del gran músico y para honra de nuestra población.

Esto me recuerda el gran místico Swedenborg, cuando

desde Londres vio el incendio de Estocolmo, y las profundas adivinaciones de santos de la antigüedad.

En España, el cante jondo ha ejercido indudable influencia en todos los músicos, de la que llamo yo «grande cuerda española», es decir, desde Albéniz hasta Falla, pasando por Granados. Ya Felipe Pedrell había empleado cantos populares en su magnífica ópera *La Celestina* (no representada en España, para vergüenza nuestra) y señaló nuestra actual orientación, pero el acierto genial lo tuvo Isaac Albéniz empleando en su obra los fondos líricos del canto andaluz. Años más tarde, Manuel de Falla llena su música de nuestros motivos puros y bellos en su lejana forma espectral. La novísima generación de músicos españoles, como Adolfo Salazar, Roberto Gerard, Federico Mompou y nuestro Ángel Barrios, entusiastas propagadores del proyectado concurso, dirigen actualmente sus espejuelos iluminadores hacia la fuente pura y renovadora del cante jondo y los deliciosos cantos granadinos, que podían llamarse castellanos, andaluces.

Vean ustedes, señores, la trascendencia que tiene el cante jondo y qué acierto tan grande el que tuvo nuestro pueblo al llamarlo así. Es hondo, verdaderamente hondo, más que todos los pozos y todos los mares que rodean el mundo, mucho más hondo que el corazón actual que lo crea y la voz que lo canta, porque es casi infinito. Viene de razas lejanas, atravesando el cementerio de los años y las frondas de los vientos marchitos. Viene del primer llanto y el primer beso.

*

Una de las maravillas del cante jondo, aparte de la esencial melódica, consiste en los poemas.

Todos los poetas que actualmente nos ocupamos, en más o menos escala, en la poda y cuidado del demasiado fron-

doso árbol lírico que nos dejaron los románticos y los pos-
románticos, quedamos asombrados ante dichos versos.

Las más infinitas gradaciones del Dolor y la Pena, pues-
tas al servicio de la expresión más pura y exacta, laten en
los tercetos y cuartetos de la siguiriya y sus derivados.

No hay nada, absolutamente nada, igual en toda España,
ni en estilización, ni en ambiente, ni en justeza emocional.

Las metáforas que pueblan nuestro cancionero anda-
luz están casi siempre dentro de su órbita; no hay despro-
porción entre los miembros espirituales de los versos y con-
siguen adueñarse de nuestro corazón de una manera
definitiva.

Causa extrañeza y maravilla cómo el anónimo poeta de
pueblo extracta en tres o cuatro versos toda la rara comple-
jidad de los más altos momentos sentimentales en la vida
del hombre. Hay coplas en que el temblor lírico llega a un
punto donde no pueden llegar sino contadísimos poetas:

> Cerco tiene la luna,
> mi amor ha muerto.

En estos dos versos populares hay mucho más misterio
que en todos los dramas de Maeterlinck, misterio sencillo
y real, misterio limpio y sano, sin bosques sombríos ni bar-
cos sin timón, el enigma siempre vivo de la muerte:

> Cerco tiene la luna,
> mi amor ha muerto.

Ya vengan del corazón de la sierra, ya vengan del na-
ranjal sevillano o de las armoniosas costas mediterráneas,
las coplas tienen un fondo común: el Amor y la Muerte...,
pero un amor y una muerte vistos a través de la Sibila, ese
personaje tan oriental, verdadera esfinge de Andalucía.

En el fondo de todos los poemas late la pregunta, pero la terrible pregunta que no tiene contestación. Nuestro pueblo pone los brazos en cruz mirando a las estrellas y esperará inútilmente la señal salvadora. Es un gesto patético, pero verdadero. El poema o plantea un hondo problema emocional, sin realidad posible, o lo resuelve con la Muerte, que es la pregunta de las preguntas.

La mayor parte de los poemas de nuestra región (exceptuando muchos nacidos en Sevilla) tienen las características antes citadas. Somos un pueblo triste, un pueblo estático.

Como Iván Turgueneff vio a sus paisanos, sangre y medula rusas convertidos en esfinge, así veo yo a muchísimos poemas de nuestra lírica regional.

¡Oh esfinge de las Andalucías!

A mi puerta has de llamar,
no te he de salir a abrir
y me has de sentir llorar.

Se esconden los versos detrás del velo impenetrable y se duermen en espera del Edipo que vendrá a descifrarlos para despertar y volver al silencio...

Una de las características más notables de los textos del cante jondo consiste en la ausencia casi absoluta del «medio tono».

Tanto en los cantos de Asturias como en los castellanos, catalanes, vascos y gallegos se nota un cierto equilibrio de sentimientos y una ponderación lírica que se presta a expresar humildes estados de ánimo y sentimientos ingenuos, de los que puede decirse que carece casi por completo el andaluz.

Los andaluces rara vez nos damos cuenta del «medio tono». El andaluz o grita a las estrellas o besa el polvo

rojizo de sus caminos. El medio tono no existe para él.
Se lo pasa durmiendo. Y cuando por rara excepción lo
usa dice:

> A mí se me importa poco
> que un pájaro en la «alamea»
> se pase de un árbol a otro.

Aunque en este cantar, por su sentimiento, aun cuan-
do no por su arquitectura, yo noto una acusada filiación
asturiana. Es pues, el patetismo la característica más fuerte
de nuestro cante jondo.

Por eso, mientras que muchos cantos de nuestra Penín-
sula tienen la facultad de evocarnos los paisajes donde se
cantan, el cante jondo canta como un ruiseñor sin ojos,
canta ciego, y por eso tanto sus textos como sus melodías
antiquísimas tienen su mejor escenario en la noche..., en
la nochez azul de nuestro campo.

Pero esta facultad de evocación plástica que tienen mu-
chos cantos populares españoles les quita la intimidad y
la hondura de que está henchido el cante jondo.

Hay un canto (entre los mil) en la lírica musical astu-
riana que es el caso típico de evocación:

> Ay de mí, perdí el camino;
> en esta triste montaña,
> ay de mí, perdí el camino,
> déxame meté l'rebañu
> por Dios en la to cabaña.
> Entre la espesa flubina,
> ¡ay de mí, perdí el camino!,
> déxame pasar la noche
> en la cabaña contigo.
> Perdí el camino
> entre la niebla del monte,
> ¡ay de mí, perdí el camino!

Es tan maravillosa la evocación de la montaña, con pinares movidos por el viento; es tan exacta la sensación real del camino que sube a las cumbres donde las nieves sueñan; es tan verdadera la visión de la niebla, que asciende de los abismos confundiendo a las rocas humedecidas en infinitos tonos de gris, que llega uno a olvidarse del «probe pastor» que como un niño pide albergue a la desconocida pastora del poema. «Llega uno a olvidarse de lo esencial del poema.» La melodía de este canto ayuda extraordinariamente a la evocación plástica con un ritmo monótono verde-gris de paisaje con nieblas.

En cambio el cante jondo canta siempre en la noche. No tiene ni mañana ni tarde, ni montañas ni llanos. No tiene más que la noche, una noche ancha y profundamente estrellada. Y le sobra todo lo demás.

Es un canto sin paisaje y, por tanto, concentrado en sí mismo y terrible en medio de la sombra; lanza sus flechas de oro, que se clavan en nuestro corazón. En medio de la sombra es como un formidable arquero azul cuya aljaba no se agota jamás.

*

Las preguntas que todos hacen de ¿quién hizo esos poemas?, ¿qué poeta anónimo los lanza en el escenario rudo del pueblo?, esto realmente no tiene respuesta.

Jeanroy, en su libro *Orígenes de la lírica popular en Francia,* escribe: «El arte popular no sólo es la creación impersonal, vaga e inconsciente, sino la creación ''personal'' que el pueblo recoge por adaptarse a su sensibilidad.» Jeanroy tiene en parte razón, pero basta tener una poca sensibilidad para advertir dónde está la creación oculta, aunque ésta tenga todo el color salvaje que se quiera. Nuestro pueblo canta coplas de Melchor de Palau, de Salvador Rueda, de Ventura Ruiz Aguilera, de Manuel Machado y de otros, pero ¡qué diferencia tan notable entre los versos de estos poetas y los que el pueblo crea! ¡La diferencia que hay entre una rosa de papel y otra natural!

Los poetas que hacen cantares populares enturbian las claras linfas del verdadero corazón; y ¡cómo se nota en las coplas el ritmo seguro y feo del hombre que sabe gramáticas! Se debe tomar del pueblo nada más que sus últimas esencias y algún que otro trino colorista, pero nunca querer imitar fielmente sus modulaciones inefables, porque no hacemos otra cosa que enturbiarlas. Sencillamente, por educación.

Los verdaderos poemas del cante jondo no son de nadie, están flotando en el viento como vilanos de oro y cada generación los viste de un color distinto, para abandonarlos a las futuras.

Los verdaderos poemas del cante jondo están en sustancia, sobre una veleta ideal que cambia de dirección con el aire del Tiempo.

Nacen porque sí, son un árbol más en el paisaje, una fuente más en la alameda.

La mujer, corazón del mundo y poseedora inmortal de la «rosa, la lira y la ciencia armoniosa», llena los ámbitos sin fin de los poemas. La mujer, en el cante jondo, se llama Pena.

Es admirable cómo a través de las construcciones líricas un sentimiento va tomando forma y cómo llega a concrecionarse en una cosa casi material. Este es el caso de la Pena.

En las coplas, la Pena se hace carne, toma forma humana y se acusa con una línea definida. Es una mujer morena que quiere cazar pájaros con redes de viento.

Todos los poemas del cante jondo son de un magnífico panteísmo, consulta al aire, a la tierra, al mar, a la luna,

a cosas tan sencillas como el romero, la violeta y el pája-
ro. Todos los objetos exteriores toman un aguda perso-
nalidad y llegan a plasmarse hasta tomar parte activa en
la acción lírica:

> En mitá der «má»
> había una piedra
> y se sentaba mi compañerita
> a contarle sus penas.
>
> Tan solamente a la Tierra
> le cuento lo que me pasa,
> porque en el mundo no encuentro
> persona e mi confianza.
>
> Todas las mañanas voy
> a preguntarle al romero
> si el mal de amor tiene cura
> porque yo me estoy muriendo.

El andaluz, con un profundo sentido espiritual, entre-
ga a la Naturaleza todo su tesoro íntimo con la completa
seguridad de que será escuchado.

Pero lo que en los poemas del cante jondo se acusa como
admirable realidad poética es la extraña materialización
del viento, que han conseguido muchas coplas.

El viento es personaje que sale en los últimos momen-
tos sentimentales, aparece como un gigante preocupado
de derribar estrellas y disparar nebulosas, pero en ningún
poema popular he visto que hable y consuele como en los
nuestros:

> Subí a la muralla;
> me respondió el viento:
> ¿para qué tantos suspiritos
> si ya no hay remedio?

El aire lloró
al ver las «duquitas» tan grandes
e mi corazón.

Yo me enamoré del aire,
del aire de una mujer,
como la mujer es aire,
en el aire me quedé.

Tengo celos del aire
que da en tu cara,
si el aire fuera hombre
yo lo matara.

Yo no le temo a remar,
que yo remar remaría,
yo solo temo al viento
que sale de tu bahía.

Es esta una particularidad deliciosa de los poemas; poemas enredados en la hélice inmóvil de la rosa de los vientos.

Otro tema peculiarísimo y que se repite en infinidad de canciones (las más) es el tema del llanto...

En la siguiriya gitana, perfecto poema de las lágrimas, llora la melodía como lloran los versos. Hay campanas perdidas en los fondos y ventanas abiertas al amanecer:

De noche me sargo ar patio,
y me jarto de llorá,
en ver que te quiero tanto
y tú no me quieres ná.

Llorar, llorar ojos míos,
llorar si tenéis por qué,
que no es vergüenza en un hombre
llorar por una mujer.

Cuando me veas llorar
no me quites el pañuelo,
que mis penitas son grandes
y llorando me consuelo.

Y esta última, gitana y andalucísima:

Si mi corazón tuviera
birieritas e cristar,
te asomaras y lo vieras
gotas de sangre llorar.

Tienen estos poemas un aire popular inconfundible y son, a mi juicio, los que van mejor en el patetismo melancólico del cante jondo.

Su melancolía es tan irresistible y su fuerza emotiva es tan perfilada que a todos los verdaderamente andaluces nos producen un llanto íntimo, un llanto que limpia el espíritu llevándolo al limonar encendido del Amor.

No hay nada comparable en delicadeza y ternura con estos cantares, y vuelvo a insistir en la infamia que se comete con ellos, relegándolos al olvido o prostituyéndolos con la baja intención sensual o con la caricatura grosera. Aunque esto ocurre exclusivamente en las ciudades porque afortunadamente para la virgen Poesía, y para los poetas aún existen marineros que cantan sobre el mar, mujeres que duermen a sus niños a la sombra de las parras, pastores ariscos en las veredas de los montes; y echando leña al fuego, que no se ha apagado del todo, el aire apasionado de la poesía avivará las llamas y seguirán cantando las mujeres bajo las sombras de las parras, los pastores en sus agrias veredas y los marineros sobre el ritmo fecundo del mar.

*

Lo mismo que en la siguiriya y sus hijas se encuentran los elementos más viejos de Oriente, lo mismo en muchos poemas que emplean el cante jondo se nota la afinidad con los cantos orientales más antiguos.

Cuando la copla nuestra llega a un extremo del dolor y del Amor, se hermana en expresión con los magníficos versos de poetas árabes y persas.

Verdad es que en el aire de Córdoba y Granada quedan gestos y líneas de la remota Arabia, como es evidente que en el turbio palimpsesto del Abaicín surgen evocaciones de ciudades perdidas.

Los mismos temas del sacrificio, del Amor sin fin y del Vino aparecen expresados con el mismo espíritu en misteriosos poetas asiáticos.

Séraje-al-Warak, un poeta árabe, dice:

> La tórtola que el sueño
> con sus quejas me quita,
> como yo tiene el pecho
> ardiendo en llamas vivas.

Ibn Ziati, otro poeta árabe, escribe a la muerte de su amada la misma elegía que un andaluz del pueblo hubiese cantado:

> El visitar la tumba de mi amada
> me dan mis amigos por consuelo,
> mas yo les repliqué: ¿tiene ella, amigos,
> otro sepulcro que mi pecho?

Pero donde la afinidad es evidente y se encuentran coincidencias nada raras es en las sublimes *Gacelas amorosas* de Hafiz, poeta nacional de Persia que cantó el vino, las hermosas mujeres, las piedras misteriosas y la infinita noche azul de Siraz.

El arte ha usado desde los tiempos más remotos la tele-
grafía sin hilos o los espejitos de las estrellas.

Hafiz tiene en sus gacelas varias obsesiones líricas, entre
ellas la exquisita obsesión de las cabelleras:

> Aunque ella no me amara
> el orbe de la tierra
> trocara por un solo
> cabello de su crencha.

Y escribe después:

> Enredado en tu negra cabellera
> está mi corazón desde la infancia,
> hasta la muerte unión tan agradable
> no será ni deshecha ni borrada.

Es la misma obsesión que por los cabellos de las muje-
res tienen muchos cantares de nuestro singular cante
jondo, llenos de alusiones a las trenzas guardadas en reli-
carios, el rizo sobre la frente que provoca toda una trage-
dia. Este ejemplo entre los muchos lo demuestra; es una
siguiriya:

> Si acasito muero mira que te encargo
> que con las trenzas de tu pelo negro
> me ates las manos.

No hay nada más profundamente poemático que estos
tres versos que revelan un triste y aristocrático sentimien-
to amoroso.

Cuando Hafiz trata el tema del llanto lo hace con las
mismas expresiones que nuestro poeta popular, con la
misma construcción espectral y a base de los mismos sen-
timientos:

> Lloro sin cesar tu ausencia,
> mas ¿de qué sirve mi anhelar continuo
> si a tus oídos el viento rehúsa
> llevar mis suspiros?

Es lo mismo que:

> Yo doy suspiros al aire,
> ¡ay pobrecito de mí!,
> y no los recoge nadie.

Hafiz dice:

> Desde que el eco de mi voz no escuchas
> está en la pena el corazón sumido
> y a los mis ojos ardorosas fuentes
> de sangre envía.

Y nuestro poeta:

> Cada vez que miro el sitio
> donde te he solido hablar,
> comienzan mis pobres ojos
> gotas de sangre a llorar.

O esta terrible copla de siguiriya:

> De aquellos quereres
> no quiero acordarme,
> porque me llora mi corazoncito
> gotas de sangre.

En la gacela veintisiete canta el hombre de Siraz:

> Al fin mis huesos se verán un día
> a polvo reducidos en la fosa,
> mas no podrá jamás el alma
> borrar una pasión tan fuerte.

Que es exactamente la solución de infinidad de coplas del cante jondo. Más fuerte que la muerte es el amor.

Fue para mí, pues, de una gran emoción la lectura de estas poesías asiáticas traducidas por don Gaspar María de Nava y publicadas en París el año 1838, porque me evocaron inmediatamente nuestros «jondísimos» poemas.

También existe gran afinidad entre nuestros siguiriyeros y los poetas orientales en lo que se refiere al elogio del vino. Cantan ambos grupos el vino claro, el vino quitapenas que recuerda a los labios de las muchachas, el vino alegre, tan lejos del espantoso vino baudelairiano. Citaré una copla (creo que es un martinete), rara por cantarla un personaje que dice su nombre y su apellido (caso insólito en nuestro cancionero) y en quien yo veo personificados a todos los verdaderos poetas andaluces:

> Yo me llamo Curro Pulla
> por la tierra y por el mar,
> y en la puerta de la tasca
> la piedra fundamental.

Es el mayor elogio del vino que se oye en los cantares de este Curro Pulla. Como el maravilloso Omar Kayyán sabía aquellos de

> Se acabará mi querer,
> se acabará mi llorar,
> se acabará mi tormento
> y todo se acabará.

Coloca sobre su frente la corona de rosas del instante y mirando en el vaso lleno de néctar, ve correrse una estrella en el fondo... Y como el grandioso lírico Nishapur, siente a la vida como un tablero de ajedrez.

Es pues, señores, el cante jondo tanto por la melodía como por los poemas una de las creaciones artísticas populares más fuertes del mundo y en vuestras manos está el conservarlo y dignificarlo para honra de Andalucía y sus gentes.

*

Antes de terminar esta pobre y mal construida lectura quiero dedicar un recuerdo a los maravillosos «cantaores» merced a los cuales se debe que el cante jondo haya llegado hasta nuestros días.

La figura del «cantaor» está dentro de dos grandes líneas: el arco del cielo en el exterior y el zig-zag que culebrea dentro de su alma.

El «cantaor», cuando canta, celebra un solemne rito, saca las viejas esencias dormidas y las lanza al viento envueltas en su voz..., tiene un profundo sentimiento religioso del canto.

La raza se vale de ellos para dejar escapar su dolor y su historia verídica. Son simples médiums, crestas líricas de nuestro pueblo.

Cantan alucinados por un punto brillante que tiembla en el horizonte, son gentes extrañas y sencillas al mismo tiempo.

Las mujeres han cantado soleares, género melancólico y humano de relativo fácil alcance para el corazón; en cambio los hombres han cultivado con preferencia la portentosa siguiriya gitana..., pero casi todos ellos han sido mártires de la pasión irresistible del cante. La siguiriya es como un cauterio que quema el corazón, la garganta y los labios de los que la dicen. Hay que prevenirse contra el fuego y cantarla en su hora precisa.

Quiero recordar a Romerillo, al espiritual Loco Mateo, a Antonia la de San Roque, a Anita la de Ronda, a Dolores la Parrala y a Juan Breva, que cantaron como nadie las soleares y evocaron a la virgen Pena en los limonares de Málaga o bajo las noches marinas del Puerto.

Quiero recordar también a los maestros de la siguiriya, Curro Pabla *el Curro,* Manuel Molina, y el portentoso Silverio Franconetti, que cantó como nadie el cante de los cantes y cuyo grito hacía abrirse el azogue de los espejos.

Fueron inmensos intérpretes del alma popular que destrozaron su propia alma entre las tempestades del sentimiento. Casi todos murieron del corazón, es decir, estallaron como enormes cigarras después de haber poblado nuestra atmósfera de ritmos ideales...

Señoras y Señores:

A todos los que a través de su vida se han emocionado con la copla lejana que viene por el camino, a todos los que la paloma blanca del amor haya picado en su corazón maduro, a todos los amantes de la tradición engarzada con el porvenir, al que estudia en el libro como al que ara la tierra, les suplico respetuosamente que no dejen morir las apreciables joyas vivas de la raza, el inmenso tesoro milenario que cubre la superficie espiritual de Andalucía y que mediten bajo la noche de Granada la trascendencia patriótica del proyecto que unos artistas españoles presentamos.

19 de febrero de 1922.